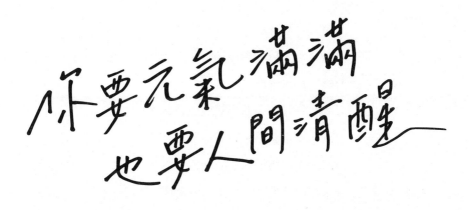

你要元氣滿滿
也要人間清醒

蓑依──著

第三章

別擔心，沉悶的日子會有風

第四章

成長是在孤獨裡玩得最好的遊戲

第五章

永遠自律，永遠自由

第六章

質感寫在了你的臉上

第七章

逃離任何消耗你快樂的人和事

第一章

因為你是女孩 所以你的一切 都可愛

Hey

要給我洗櫻桃的女孩

我正在工作，手邊是同事剛送來的櫻桃。你走過來，看我在忙，小聲地問了一句：「菲菲姐，我幫你把櫻桃洗了吧？」我轉過頭，驚恐地看了你一眼。看得出來，你被嚇住了，而且有些臉紅，我淡淡地說：「不用了，我不著急吃。」

親愛的，你知道嗎？當你說出「我幫你把櫻桃洗了吧」的時候，我心裡的某些「部位」碎掉了。還記得我第一次見到你的時候，你是那麼驕傲，作為實習生卻並不怯懦，製片人說你不合適的時候，你有理有據地反駁。兩、三個月之後，你身上的驕傲變成了一團霧，讓人看不清、抓不住。當你在職場上開始遊刃有餘，學著職場老人的樣子去交際和工作的時候，我是心疼的，惋惜的。

　　和你一起來實習的還有一個，他是男生。很多同事都向我抱怨過他不聽話、不認真、不受教，可是，我喜歡他的呆萌，喜歡他的天真，喜歡他「我就這樣，你能怎麼樣」的無拘無束，直到他離職的那一刻依然沒有變。他似乎很沒有禮貌，連招呼都沒和我打，就從公司裡消失了。但我原諒，並且真誠地祝福他。

　　同樣是三個月的時間，他「孺子不可教」，和剛來的時候比，沒有什麼變化；你「成大器」，所有人都驚訝於你的成長，還冠以你學霸的稱號。你走後，所有同事都記得優秀的你，可能沒有多少人記得那個沒有變化的男孩子，但是對我而言，對我這個親手帶你的職場前輩而言，如果非要給你一個職場評價，我會說，在這三個月裡面，你的「成熟」遠遠大於你的「成功」。

　　我們通常把畢業之後開始工作，稱為「走向社會」、「社會就是江湖」，要把之前在學校裡用於學習的時間擠出一部分來用於交際，用於做人。我「進入社會」馬上就三年了，在「江湖」裡面做得並不成功。我的好朋友經常說我「太理想化」，他們關心我，希望我更成熟、更世故，但我做不到，或者說我拒絕去做。這是我做人的姿態，也許不合時宜，也許被誤認為是清高，但這就是我，別人無話語權。

　　三年的時間我都沒有學會的「成熟」，你在三個月裡就學到了很多，這是我最擔心、最難過的。我很擔憂這段職場生涯給你的啟發是：只要會做人，只要知世故，就可以在職場上遊刃有餘。

親愛的，人要有兩個世界：一個是「江湖」；一個是「桃花源」。你才二十三歲，在「桃花源」裡多待一陣子，「江湖」只要你想看，就能看到，別那麼著急去「打打殺殺」。

我很開心，你將要去英國讀碩士了。我沒有在英國生活過，但我聽一個在英國生活了很多年的朋友說，那是一個能讓人開闊視野、增長見識的地方。我希望你畢業了，回國和我一起吃飯的時候，會說「菲菲姐，我覺得你可以換個角度去想某件事」，而不是「菲菲姐，要不要我幫你拿一個新的盤子」。

我不要這種「禮貌」，我要你無論何時何地、何種境遇，都是櫻桃本身，而不是那個「洗櫻桃」的人。

Hey

在背後說我壞話的女孩

　　說實在的，我不在乎背後說我壞話的人，一是總會有人在背後說你，你想要阻止或者控制住局面，幾乎不可能；二是我從小到大都是從逆境中、不被人看好中成長起來的，相比那些現實中的困難，我認爲語言的力量要弱很多，甚至無關痛癢、不值一提。

　　今天我之所以會寫這樣一封信，是因爲早上我突然接到一個好友的電話，她非常急切地對我說，昨晚她和某個女生見面，那個女生在她面前說了很多我的壞話，子虛烏有不說，而且假得讓她都受不了。她打電話來就是要告訴我：「你一定要遠離這個人，小心再小心。」

　　我一邊睡眼惺忪地穿衣服，一邊聽她在電話裡跟我轉述那些我的「壞話」。有一種很奇妙的感覺，就

是你知道很多人會在背後說你，但你第一次知道別人是怎麼說你的，就像你很愛一個人，第一次從他口中聽到他對你的評價時一樣奇妙。像所有成熟的成年人一樣，我和好友分析了她之所以那麼針對我的原因，追根溯源，也就是嫉妒。

我在網路上看到過一句話：「沒有地位的人，大抵也不會被謠言中傷。」其實，所有的謠言或者壞話，你追查到最後，會發現都來源於「嫉妒」這個詞，而對於我們這些沒多少地位的普通人來說，大抵所嫉妒的東西又小之又小。比如，男生的一個眼神，或你的薪資比她高了一點，抑或你今天穿的衣服比她的漂亮。

我也是一個說過別人壞話的人，但我說壞話有一個特點：有理有據地吐槽。我似乎是個邏輯控，在說別人壞話的時候，要一個層次一個層次地列舉對方所做的事，以支撐我的吐槽。我所說的並不是編造，每一條都是已發生的事實，我看不慣，所以必須要說。

但是隨著年齡的增長，尤其是開始寫東西之後，我越來越不能忍受去說別人的壞話了，更願意做一個觀察者和傾聽者，因為說話很累，尤其是說沒有營養的話，太累了。而且，又有什麼值得說的呢？就算你不能忍受，大多也都是一些雞毛蒜皮的小事。

說別人壞話，就相當於在對別人說：「你看，我過得很糟糕。」過得好的、過得優質的、過得奮進的人，哪有時間去扯這

些沒用的東西；只有無所事事的、過得不開心的人，才會把精力放在別人身上。你不喜歡對方，卻還要把精力放在對方身上，可謂得不償失。

那些無所事事的人總愛聚在一起，聚在一起要說些什麼呢？我的建議是要多看優質的、有趣的電視劇、電影、綜藝節目，哪怕是打遊戲，甚至是最近的服飾搭配或者彩妝的流行趨勢。積累一些聊天素材庫，如果想要過過嘴癮，用這些素材隨便說說就好了，有本事的人隨便聊一個話題都能把聊天推到高潮。

我討厭說別人壞話，也不喜歡聽別人說其他人的壞話。主要是因為那些「壞話」時刻，說話的人都是畏畏縮縮的，眼神是飄忽的，整個人因為沒有底氣，卽使用再大的力氣說話，佯裝得再興奮，也還是死氣沉沉的、不舒展的。那些時刻，那些人會讓我覺得面目可憎，只想趕緊避而遠之。

Hey

四十歲還沒結婚的女孩

我們是在一個培訓課上認識的。你是我的學員，從和你見面到第一天培訓結束，我和你說了很多話，你也在課堂上做了很多展示。我怎麼也想不到，等晚上聊天的時候，我很自然地問你的年齡，你害羞地說：「我今年四十歲。」天啊，怎麼可能？明明看上去是二十多歲的女孩，髮型、衣著打扮、皮膚、身材、精神，沒有一個地方顯示你和四十歲有關。

當我這樣想的時候，我知道是我狹隘了。什麼叫做和四十歲有關？四十歲該是什麼樣子呢？必須得是孩子的媽媽，必須得是身材臃腫，必須得是皮膚鬆弛嗎？不，四十歲應該是所有的樣子，所有可能的樣子。我不應該驚訝，更不應該放大年齡這個條件。

我們這次的聊天是因為你在這場培訓結束的時

候，要做一個十分鐘的演講，我的任務是協助你完成演講稿，所以我必須對你有一個深度的探訪，對你了解得特別清楚。身爲媒體人的敏感，讓我明白：如果我對「四十歲」都驚訝的話，那麼從這個角度去做一篇演講，會很有效果，很多人想必會和我一樣驚訝。於是，圍繞你那四十年的人生，我們展開了幾個小時的深度交流。

我問你：「你做過的最大膽的事情是什麼？」「你做過的最出乎意料的一件事是什麼？」「你做過的最驕傲的一件事情是什麼？」「你做過的最不合時宜、最不適合你年齡的一件事情是什麼？」我變著花樣去「套取」你的故事，看得出來，你真的很努力地在回想、在配合我，但是你真的答不上來。

你在北京有房子、有車、有非常高的職位，除了沒有結婚之外，你贏得了一個女生在世俗意義上應該有的一切，而且還是高品質的。我在想：如果我是你，我也可以選擇不結婚。既然我物質富足、時間自由，我一定要過得非常精彩。世界那麼大，我一定要去看看；生活那麼豐富，我一定要去試試。

我們聊天時，你拿出一包糖果說，這是你去日本時買的；你讓我幫你挑衣服，你說這條裙子是上個月去法國時買的；你讓我看你微信朋友圈裡一張像某明星的照片，說是今年過生日時去英國拍的。聽到這裡，我眼前一亮，我問你：「你應該去過很多國家，有沒有一些有意思的事情發生？好玩的，或者打動你的，或

者難過的，只要印象深刻的都可以。」你再次陷入回想模式，眉頭緊鎖，就是想不到，甚至問你是否遇到過印象深刻的路人，你都搖搖頭說：「沒有，大部分時間都是吃吃喝喝、玩玩逛逛。」

最後，我還是幫你完成了一篇稿子，題目是〈一張白紙〉。你現在還像一張白紙一樣，對生活滿懷著期待，接受任何的可能性，筆在自己手中，你可以在這張白紙上隨心而畫。你很喜歡，覺得我懂你，你很想告訴身邊的朋友和親人你的人生態度──我願意在大人的世界裡面做一個單純的小孩。

你演講的時候，我坐在臺下看著你。我覺得你的內心是相信的，是真的認為自己就是一個孩子，但同時也聽出了你的彆扭：你很想向別人解釋，沒有結婚，沒有談戀愛，是因為想要保護內心的孩子。

可是，親愛的，所有人都為你的演講鼓掌的時候，我卻高興不起來，因為當你在我們的演講稿之外，臨時增加了很多解釋的時候，你就輸了。當你想要解釋的時候，說明你不接受現在的生活，你明明很想談戀愛、很想結婚，卻告訴別人：「我其實根本不關心這些。」

四十歲不結婚，沒有任何問題，但你要有能力做到悅納或者說接受這件事。而要做到接受，你必須要有自信回答我上面提到的所有問題。你必須熱愛嘗試，必須擁抱生活，並且愛過、哭過、經歷過。如果真是一張白紙，那不是什麼值得驕傲的事情。

也就是說，四十歲不結婚需要底氣，這個底氣不是你有車、有房、有錢，而是你閱盡滄桑、看盡繁華的時候，內心是富足的，是有光芒的，是沉甸甸的。這就是你做出的選擇，不是無可奈何下只能接受的安排。

四十歲選擇未婚和二十三歲選擇結婚一樣難。如果夜深人靜，你覺得自己四十歲未婚是失敗的，你是痛苦的，那說明你在修練自己的這條路上偷工減料了。

大齡單身，是選擇了一條相對艱難的路，絕不是一條相對簡單的路。

Hey

沒錢去旅行的女孩

　　不知道那天你跟我說的幾句話，爲什麼會讓我印象那麼深刻。好多天過去了，我還是想坐下來和你聊聊這個問題。

　　事情很簡單：你今年上中學，放暑假了，同學們都去全國各地旅遊了，你很想和他們一樣，但你的父母不允許，因爲家裡條件不允許。你也知道家裡的負擔挺重的，可是你不甘心，眞的想要去外面看看。

　　這個問題別人聽後，也許會一笑而過，認同你媽媽告訴你的那樣，等將來上了大學，就可以出去看看了。而且你媽媽的眼神裡夾帶著一些批評，覺得你不懂事，不體諒家裡的苦楚。

　　但是你知道嗎？我不但不覺得你不懂事，反而特別羨慕你。

　　我小時候生活的環境可能比你還糟，父母雖然是老師，但中途有一段時間做生意失敗欠了一大筆錢。每年過年的時候，都會有人來討債。有一次，一位叔叔騎著自行車又來討債，講話很難聽，趾高氣揚的。我憤怒不已，拉著剛剛會走路的弟弟，到了他的自行車旁邊，用一根很粗的針把車胎扎破了。這應該是我中學時做過的最「勇敢」的事。在我的意識裡，家庭的貧窮和我有關，和我們家裡的每一個人都有關。

　　家裡所有的親戚朋友都誇我「懂事」，我做的所有的事都符合「懂事」的條件：學習成績很好，不和同學吵架，假期在家裡看書，出去玩隨時和父母報備，沒錢買的東西絕對不買。

　　我永遠記得和你一樣的十四歲的那個暑假，一張作文大賽晉級的通知書被郵差送到了我的面前，話說那還是我第一次見郵差來我家。通知書裡面有一句話：要郵寄五十元的參賽費，才能夠進入下一輪的比賽。媽媽很直接地說買雞蛋的兩塊錢都沒有，五十塊錢太多了。你知道我有多懂事嗎？通知書還沒握熱呢，我就一邊撕掉，一邊說：「我才不去參賽呢？要繳參賽費的一定是騙子！」這個「漣漪」就這樣被懂事的我解決掉了，彷彿沒有發生過一樣，即使它是我人生中寫的作文第一次得到認可，第一次啊。

　　我當然沒有抱怨爸媽的意思，那些年，爲了能夠償還債務，他們也竭盡全力，在允許的範圍內給了我最好的生活。現在回想起這段經歷，所有的情緒都和爸媽無關，和貧窮無關，而只和我

自己有關，如果能再重來一次，我一定不會那麼懂事。

　　傳統的價值觀會被讚美爲「懂事」，貧窮就該忍耐，困難就該堅持。不，這世上從來沒有「應該」。你知道那些「懂事」的孩子長大後會怎麼樣嗎？很可能會變得更懂事，懂事到乏味，懂事到變成不喜歡的自己。

　　最近這些年，我一直在做的事情就是對抗懂事。懂事會讓一個人僵化，會讓一個人在遇到問題的時候第一個虧欠的就是自己。就算是談戀愛這件美好的事，也難免如此。如果在戀愛中，你很懂事，很可能會是那個受傷最深的人。這無關道德，而有關自由。一個人是自由的，有自己的小邪惡，有自己的小脾氣，有自己的頑固和偏執，這樣兩個人才都是自由的。如果一個人緊繃的，做絕對正確的事，說不傷害別人的話，沒有疏漏，不會撒嬌，永遠體諒對方，這根本就不是戀人啊。

　　當然，我不是要求你變得不懂事，我只是希望你不要因「沒錢不能出去旅行」的這種不甘而覺得羞愧。這是你這個年齡不該有的心情，甚至出去玩也不是爲了見識更廣大的世界，而是想要在開學的時候向同學們炫耀。沒什麼，你要尊重自己的這種心情和看起來非常幼稚的邏輯。如果再讓我回到十四歲，當我媽媽說沒有錢繳參賽費時，我一定會哭著說：「我不管，我想要參賽。」也許這並不能改變什麼，也許最後我還是沒錢去參加比賽，但起碼我說出了自己的心裡話，我沒有在很小的年紀就壓抑自己而不

自知，也給了家人了解我真實心理的機會。

說到了這裡，我明白了，你那幾句看起來無關痛癢的「抱怨」之所以能打動我，是因為我在你這個年齡從來沒有過這樣的憂慮，甚至到現在也沒有。我不是一個會尊重自己情緒的人，過早的懂事讓我成為一個堅定的、只重視利弊和效率的人。

之前和好朋友一起逛街，他們看到很有少女心的東西會尖叫，而我就想翻個白眼，再說聲「幼稚」。我用了很長的時間去反思這種行為背後的邏輯，當我想明白了之後，竟然成了一個痴迷「抓娃娃」的人。一方面是小的時候我太懂事了，從來沒說過一句喜歡絨毛玩具，雖然到同學家裡我會抱著不放，因為我很清楚我們家買不起；一方面是「抓娃娃」時人的心情會非常複雜，一會兒緊張到要窒息，一會兒失落得不想動，過山車式的起伏中，又有些細膩、持久的小情緒，那種豐富性令我著迷。

我不希望你成為一個「懂事」的小孩，因為小孩有機會不懂事；我不希望你成為一個「懂事」的小孩，因為「懂事」的小孩往往會成為一個「懂事」的大人，而那個大人並不會多麼快樂。

世人都認可成熟、禮貌、聰明、幸福，而我尊重自卑、糾結、不甘、驕傲、迷茫、憤怒；世人都會教育我們如何成為一個標準的社會人，但是我想告訴你：當你說出上面那些話的時候，你就已經是一個正常的十四歲小孩了。「正常」和「標準」之間是有縫隙的，那縫隙當中，是清晨的風，是傍晚的雲，是心底盛開的玫瑰花。

Hey

猶豫要不要聯繫前任的女孩

昨晚在閨蜜家睡覺，睡前刷微信朋友圈，看到前男友發的一條狀態：不吃早餐是一件很嘻哈的事。我不假思索地在下面回覆說：不吃早餐哪裡是嘻哈啊，根本就是龐克嘛。接著就看到他回：這是歌詞呀。糗大了，我覺得自己太丟臉了，然後就和閨蜜嚷嚷，又顯示自己的無知了。閨蜜反問了我一句：「你爲什麼還和他聯繫啊？」這一問，倒把我問住了。

我相信所有的女孩子都會遇到一個問題：要不要和前任聯繫？尤其是在分手不久的這段時間裡。每個人都會有不同的答案，都有各自的道理，坦白地說，沒有最好的處理方法，只有最合適的方法。對我來說，如果想要聯繫，就不會壓抑自己，會主動聯繫；而他們如果主動聯繫我，我也不拒絕，因爲我覺得這兩種

情況的分寸感，我都有能力掌握。

我是一個嚴重的「睹物思人症」患者，一起去過的餐廳，一起逛過的馬路，一起看過的書，我都記得清清楚楚，不管多少年過去了，也不管那是多麼微不足道的事，甚至當時的天氣、心情，以及穿的衣服、說的話，我都會記得。想要我這樣的人忘記前任是不太可能的，我也承認，我做不到。

和前任分手後的某一天，我想背一個很久都沒有背過的包出門，從櫃子裡拿出來的時候，發現上面掛著一個絨毛娃娃。那一刻，和他在一起的畫面在腦海中不斷湧現，本來要著急出門的，但我就是邁不開腿。看著那個包和絨毛娃娃，我一動不動，腦子裡全都是他把娃娃繫在包包的袋子上，對我笑嘻嘻地說「這樣背著很酷」的畫面。

我家有一個很大的盒子，裡面都是前任送我的禮物。其實都非常普通，一條手鏈，一個木質的花生，一個貓頭鷹形狀的音樂盒等，都是小物件。但是，那條手鏈是我生病的時候，他買來戴在我手上的；那個木質的花生在他家可以說是祖傳的東西了；就連那個貓頭鷹形狀的音樂盒都是他從海南省帶回來的，他媽媽一個，我一個。

我沒有丟掉前任送給我的東西的習慣，包括與他有關的記憶、溫暖和愛，是因為我認為：如果你對他的心意扔不掉，就算

把所有的東西都扔掉也無效。陪你走過生命中很特別的一段時光的人，不應該成為你的敵人，如果不能成為友人，成為普通的相識就好。這樣想的話，那份心意真的不用刻意扔掉。

他的夢想是回家「雲養雞」，我偶然看到相關的新聞，發現真的有人在做這樣的事情，就會發給他，然後嘲笑一番；他教會了我做番茄牛腩，但我半年或者一年才會做一次，因為懶，但我做了就會拍照片發給他，順便說一句「謝了」；有一家我們想一起去的店當初沒有開業，而有一天我發現開業了，就進去看看，然後具體地告訴他裡面怎麼樣怎麼樣；之前聽他談起一個導演，有天沒事可幹，就把這個導演的電影一部部地看完了，然後為每部電影寫了一段感受，想聽聽他的看法……

當我這麼做的時候，我收穫的是：他收到了一個新的offer，但拿不定主意，會過來問我：「許老師，你怎麼看？」他在東京的酒吧喝多了，會痛哭流涕地給我打電話，不談想念，不談孤獨，只談他當時面臨的壓力——家人生病的痛楚。有時也會冷不防地給我發訊息：「你們山東人是不是都特別愛吃大蒜啊？」或者「新書的名字取好了沒？」

那麼可愛和有趣的人，是我們在千萬人中選擇的，多麼難得。怎麼可以因為不能在一起，就永遠保持距離，就此生不復相見呢？就是因為這個理由，我放過了我們的僵持，也放過了自己。

我相信人和人之間是有磁場的，你如何對待對方，對方大致也會以同樣的態度來對待你。如果你是曖昧的，那他也很可能是曖昧的；但如果你是純粹的、直接的，對方也會是歡快的、輕鬆的。和前任之間沒有曖昧，是底線。也就是說，並非所有的聯繫都是曖昧，就如同你給一個男同事或者普通的男性朋友發個訊息，或者隨便聊幾句，並不等同於你就對這個人有好感、有所企圖。

電視劇《慾望城市》裡有一集是凱莉和大人物分手後，凱莉想盡一切辦法試圖忘掉他。但不管是「買買買」，還是去結交新的男朋友都無濟於事，她到哪裡都可以「看到」無處不在的「大人物」。最後，凱莉說：「管它呢？爲什麼非要忘掉。」是啊，爲什麼非要忘掉？更何況根本就忘不掉。

我是一個從來不會因爲分手而哭得稀里嘩啦的人，淡定得所有人都看不出來，不是我故意克制，而是因爲我很清楚：我們只是不能在一起了，並不意味著我們和對方永不相見了。如果偶爾還能約出來一起吃頓飯，或者互相發訊息問候一下，爲什麼要把自己弄得這麼疲憊和糟糕呢？無論我們是否在一起，我喜歡過的這個人還存在於我的生活中，這就夠了。

之前看《前任》系列電影的時候，我完全無感，卻在看《後來的我們》時哭得眼淚橫流。那些臺詞，到現在我都能張口就來：「後來的我們，什麼都有了，卻沒有了我們。」「我最大的遺憾

就是你的遺憾與我有關。」「我已經努力變成你想要的樣子了，可我已經不是原來的樣子了。」「緣分這件事，能不負對方就好，想不負此生真的很難。」之所以記得這麼清楚，是因爲這就是我和前任的全部，都與成長、時間、理想和現實有關，而和那個人沒有關係。

Hey，那個猶豫著是否要聯繫前男友的女孩，不要猶豫了，想聯繫就聯繫吧。他或許會給你一個開心的回應，或許會不理你，都沒關係，你聯繫了，就是結果本身。

Hey

覺得自己平庸的女孩

我有兩個哥兒們，我們自稱「三劍客」，從大學到現在，維持了將近十年的友誼。我們三個人志趣相投，活得都非常勵志：一個家庭貧困，靠著獎學金上學，最終考上了北京電影學院，現在成了小有名氣的影評人和策展人；一個把新聞理想從完全不被人看好做成了現實，就職於某知名新聞週刊；而我也實現了當初的夢想，成了出版過幾本書的寫作者，另外，在夢想的電視行業也算做得不錯。

乍一看，我們三個人都很風光。都是在農村長大，在其他同學放棄自己的夢想或者改變自己人生軌跡的時候，我們在咬牙堅持。

有一天，我們三個一起吃飯，聊著聊著，我突然說出了一句非常掃興的、連我自己也嚇著了的話：「你

們不覺得我們三個都活成了非常普通的人了嗎？」他們當然反駁我，覺得我可以換一個思維去認識自己，想像一下自己回到大學，老師向大家介紹我們三個人。如果我們自己是坐在臺下的學生，會覺得臺上的那三個人好棒，只是因為身邊的人都很強，所以才覺得自己很普通。

不，我不這麼認為！我不能去評判他們兩個的人生，畢竟冷暖自知，每個人都有自己的艱辛和收穫，但我是他們最好的朋友，如果從這個角度去觀望我們三個人這個階段的人生，我會覺得很普通。

我們都希望成為有「少年感」的人，這個「少年感」不只是有理想，不只是有堅持，不只是有自由，更重要的是有勇氣。眼下，我們三個人或許還有一絲尚存的勇氣，但完全沒做有勇氣的事情。

做影評人和策展人的沒有做出特別讓人驚奇的成果；做新聞的也沒有製作出一部讓自己驕傲的片子；而我至今沒有寫出出乎意料的作品，距離夢想還有特別遠的距離，可是我們卻欣然接受，開始慢吞吞地生活了。

如果說從大學畢業後到此刻的這十年，是一場馬拉松長跑的話，我們的前半程非常勇敢，非常熱血，非常苦，非常難，可是後半程更加苦，更加難，我們卻覺得慢跑也可以到達終點。一個

朋友說：「你不能用百米衝刺的速度去跑馬拉松，可是熱血的人可以休息、整理一下，但不可以就此不再衝刺了。認為自己上路了，只要目標明確、方向正確，就可以隨著人流一起往前走了。」

「不，不可以！你和他們不一樣，你要不間斷地衝刺。不是因為你要贏，而是因為越往前越難，你越得用力。生活和夢想都是有篩選機制的，你不超越其他人就會被淘汰，超越和淘汰之外，沒有平衡地帶。」

今天早上，我偶然翻到了自己出書時發的微博，突然一陣感慨。當年為了完成出書的夢想，我沒日沒夜地寫作，這只是前提；除了寫作，我還要去尋找出版的途徑，比如當面去找某出版社的編輯，告訴對方我可以不要稿費，只要署名就行；還給其他出版社發郵件，一次次被駁回之後終於有了消息，按照對方的要求進行文稿的修改，改得自己都要崩潰了。

有一天，我在研究生宿舍裡面突然號啕大哭，室友嚇壞了，趕緊圍過來安慰我。到現在我都沒有告訴他們當時哭的原因：編輯讓我做一件非常難統籌的事，但我做不好。此刻想來，那件事很簡單，但對當時的我來說太難了。

很多人都說出書很簡單，只要會寫字，就可以出書。我不這樣覺得，出一本普通的書可以，但如果出一本具有暢銷潛力的書，並不容易。我出版的三本書全都是按照暢銷書的路線走的，

所以整個過程非常受折磨。我無數次想過：我可以不要暢銷嗎？只要出版就可以！但是當一本書寫出來，就不是作者自己的事情了，而是一個出版團隊的事情，你不能意氣用事。

我在出版社的官方微博裡搜索自己的名字，發現最新的一條是二〇一七年的。在其後的時間裡，編輯催過我無數次，合約在二〇一七年年初就簽好了，但我每每因為工作太忙、太累，就覺得可以先不寫，可以再拖一下。每次編輯向我要稿子，我都很愧疚，我很討厭拖延，卻在寫作這件事上成了一個拖延的人。

我在今年終於交稿時，給編輯發了很長一條訊息向她道歉，與其說在對她說對不起，不如說在對我的夢想說對不起。在我沒有機會出書的時候，曾無數次祈求：「如果給我一次出版的機會，我一定會堅持寫下去，寫一輩子。」現在我有機會一本接一本地出書了，而且銷量都很好時，我卻拖延了。

這幾年，我沒有寫書，可是很多人還認為我是作家，甚至別人還以「作家」的身分介紹我。讀者或者朋友都覺得我在寫作這件事上做得不錯，但是只有我自己知道，我遠遠沒有寫書的那幾年那麼拚，那麼勇敢，那麼敢於挑戰自己。

這幾年出版行業風雲變幻，有很多契機和變革我都沒抓住，沒迎頭而上，在我錯過這麼多機會的時候，也漸漸地變得平庸。

其他事情也和寫作大同小異，你的激情、勇敢、奮進都是慢

慢被消磨掉的。你當然一直在努力，但是努力的程度遠遠不夠，遠遠比不上之前的自己。這世上哪裡有一勞永逸的事，打下江山容易，坐穩江山難。而我們很多人都是本末倒置，覺得江山打下了，先好好享受一下再說。實際上，在你享受的時候，你就已經輸了，「江山」已經離你而去。

我不是「苦難崇尚者」，我不認為吃苦就是努力，吃苦就值得被歌頌。我是「不滿足崇尚者」，對自己永遠不滿足，永遠有飢餓感，永遠有快速奔跑的毅力，如果這個過程需要吃苦，需要挑戰自己，需要讓自己頭破血流，那就來吧。

Hey，覺得自己平庸的女孩，我不會鼓勵你「你已經很棒了」，恰恰當你覺得自己平庸的時候，你的現狀就是這樣；我也不會告訴你「接受自己，要學會知足」，不，知足和平庸是兩碼事，不要玩文字遊戲。覺得自己平庸就是對自己不滿意，就是覺得自己還有發展空間，就是對自己忍無可忍了。你的人生裡不要有「忍」，而要有「做」，趕緊行動吧！

Hey

對父母很冷淡的女孩

　　真是神奇，這幾天竟然有兩個女孩都和我提及一個我很少會接觸到的話題——對親情沒有感覺，對父母非常冷淡怎麼辦？

　　你們兩個都出生在健全的家庭，又是家裡的獨生女，被父母從小寵到大，沒有童年陰影，但就是想不明白：為什麼我無論在外出門多遠、時間多久，都沒有想過家？為什麼每次媽媽跟我講一些深情的、關心的話時，我都會覺得特別尷尬？為什麼家裡有親戚去世，比如舅舅，我都沒有流過一滴淚？為什麼每次我和父母打電話超過一分鐘就說不下去了？為什麼我和朋友的感情特別深，我也是特別容易被感動的人，但對父母卻完全不一樣呢？

　　什麼樣的孩子才會對父母特別有依賴呢？我是學

編劇的，從編劇的角度出發就特別好理解，對父母最有感覺的人，可能是特別貧苦的人，家庭貧窮，父母爲了養育子女而辛苦自己，特別不容易，孩子看在眼裡，疼在心裡，一生都感念父母無數個流淚流汗的瞬間；可能是特別慘的人，父母吵得天翻地覆，時不時地還可能毆打孩子，在一個特別差的環境中長大，他們對父母或者是同情，或者是憤怒，總之都是非常極端的情緒。而做編劇最不想要的劇情，就是父母很好，孩子很好，一切順風順水，沒有「衝突線」，觀衆怎麼會有共鳴呢？

在某綜藝節目中，演員杜某和宋某演繹了曹丕和曹植「七步成章」的片段。其中的一個環節讓我印象特別深刻，有老師告訴飾演曹植的宋某，曹植這個時候是想活著的；也有老師告訴宋某，曹植這個時候並沒打算活著。這時候宋某就迷茫了：曹植到底是想死還是想活啊！他很痛苦地問節目中的指導老師：「曹植不想死，也不想活，就這樣不行嗎？」指導老師這時候說了一句一針見血的話：「如果是這樣，那這個片段就會很平淡，沒有衝突。」

有衝突，劇情才好玩、才好看，觀衆才會有感受，這是所有學編劇的人都知道的核心元素。可問題是生活從來不是電視劇，才不管你要不要把「我」寫進劇情裡呢，我就按照本來的樣子，或平淡或精彩地往前走。

我最喜歡的一位日本導演是是枝裕和，他所有的電影都沒有大衝突，基本都是透過白描的手法來還原生活，父與子坐在窗前

的藤椅上，一坐就是五分鐘；午後，婆婆和兒子站在水池邊洗碗，什麼也不說，水聲卻聽得人渾身起雞皮疙瘩；一對夫妻去爬山，就這樣一個階梯一個階梯往上爬，空氣中的蟬鳴聲分外悠長。他的電影裡全部是瑣碎的日常生活，看過他的電影你會懂得什麼叫「靜水深流」，生活的洶湧來自一天接一天的暗流，那種對人、對物的摧毀或成全才是最無敵的。很多人都詬病他的電影不是電影，而是紀錄片，因為在他的電影裡很難看到衝突、反轉和起承轉合，但我認為這才是最高級的電影。

生活亦如是。沒有劇烈衝突、細水長流，如同空氣一樣，無色無味，我們幾乎忘掉了它的存在，但是沒有它，我們根本活不了。

那兩個女孩的家庭生活就是這樣的，沒有劇情，只有樸實的愛和溫暖，貌似在你們身上是無色無味的，沒有帶來什麼深刻的印記。很多時候，你們甚至會忘掉它的存在，會覺得淡漠，但它是你們的生命之源，它無處不在。

所以，請你們不要覺得自己冷淡。你們問我，要不要做做樣子，讓父母覺得你們特別愛他們，我覺得完全沒必要。當你們在反思並向我表達這個問題的時候，說明你們心裡是有父母的，真正的冷淡是根本就想不起來，或者看到了，也裝作沒有看到。

你們都是二十多歲的女孩，處在想要看強烈的喜劇、悲劇的階段，不喜歡那種平平淡淡的劇情。等你們慢慢長大了，生活中

會不可避免地增加很多劇情，在那個時候，你們對父母的感受自然就會強烈起來。

你們還問說：「爲什麼我對朋友會有那麼強烈的感情呢？」很簡單啊，因爲你們心底裡害怕失去，由此產生的緊張感會激發你們情感的濃度。但是，你們與父母之間不會有這種緊張感，他們猶如空氣，不管你們多麼無視，他們也會一直存在，因爲不認爲失去，也就不會在意。

我覺得會有很多人羨慕你們：父母健康平安，自己生活順利，沒有風浪，這對你們來說可能是最差的劇情，但絕對是最好的恩賜。

Hey

除了朋友一無所有的女孩

　　二〇二〇年九月，表妹去大學報到的時候，在微信朋友圈裡發了一張和閨蜜的聊天截圖。閨蜜說：「我們宿舍有個人和你很像，說不清哪裡像，就是那種感覺特別像。今天軍訓休息時，我在喝水，她輕輕拍了一下我的頭，那種感覺特別像你。我抬起頭來特別開心地笑了，然後，我就特別地想你。」看得出，閨蜜應該是在另一所大學吧。表妹說自己當時淚奔了，那一刻也特別想她。

　　隔著螢幕，我這個「老阿姨」看得也有些動容。怎麼說呢？青春期的友情真好啊！摸摸你的頭，那種只有兩個人會懂的感覺就出來了，多麼純淨啊。

　　也許因為我是一個悲觀又冷漠的人，看到表妹的這種友情，雖然覺得溫暖，但覺得可有可無。有當然好，如果沒有，我一個人也可以過得很好，所以我實

在不能明白「除了朋友一無所有」的人是怎麼想的。

有個女孩的確是這樣告訴我的，一字不差！她說：「友情對我特別重要，它像是一根救命稻草。我總是拿出百分之百的力氣去對待每一個我認為值得的朋友，為了朋友我做過很多瘋狂的事，但是越長大越發現，你很珍惜的東西總有一天會消失，就像我身邊的朋友都走光了。」

當她跟我說這段話的時候，我特別羨慕她，和羨慕我的表妹一樣。擁有過值得銘記一生的友誼，是一件多麼幸運的事情！我沒有，很可能是因為我是自私的，我做不到完全地付出。但是朋友就是漸行漸遠的，有些人只能陪你一程，不管這段旅程精彩與否、長短與否，即使再痛苦，也要捨得放手。

海桑有一首很朦朧的詩歌〈想起一個遙遠的朋友〉，適合說愛情，但送給友情同樣適用。

　　不可能老是想著你
　　你不是我火燒眉毛的生活
　　但當閒暇時候
　　就會偶爾把你想起
　　想起你我站在靈魂的深處
　　就這樣互相望著
　　那麼簡單，那麼美好

如果我不是小心忍著
就要一個人笑出聲來

我真的很羨慕擁有熾熱友情的人，因為在我心裡，獲得這樣的友情太難了。

友情和愛情不一樣，愛情是有儀式的，你們決定戀愛、開始同居、求婚、結婚、生孩子，每一個儀式感都在標注你們的關係，而友情沒有；友情和親情也不一樣，親情自帶著割捨不斷的血緣關係和養育之恩，血濃於水，而友情沒有。

友情什麼都沒有，友情卻又什麼都有。

在寫這篇文章的時候，我一直在思考：我心中最好的友情是什麼樣子的？我使勁地回想我經歷過的、看過的，但就是找不到答案。我甚至還在網路上搜索了網友們的分享，但依然找不到真正好的友情應該是什麼樣子的。很顯然，我沒有經歷過最好的友情，或許對我來說，最好的友情永遠是一種奢望。

我知道你很難過，失去了重要東西的人都是傷痕累累的，但我想告訴你：一個懂得愛別人的人，也一定要懂得愛自己。當你有能力把所有的心思都放在朋友身上時，你也有能力把心思收回來，放在自己身上。

除了朋友之外，你不是一無所有，而是擁有一切。

覺得自己無所不能的女孩

我每天都會在各個平臺上收到很多讀者的來信諮詢，說實話，他們諮詢的問題大都是重複的、沒有營養的。我有時會覺得自己的自媒體就像一個垃圾場，一旦走進去，煩惱、痛苦和瑣事撲面而來。但偶爾，也能夠撿拾起令人興奮的小確幸。

比如，有個女孩問了這樣一個問題：「前些年，我總覺得自己本領很大、無所不能，好像能夠拯救世界一樣，但正因爲這份驕傲，導致我錯失了很多的機會。而現在，我弟弟剛大學畢業，有很好的工作機會，他又像原來的我一樣，覺得自己能力很強，也錯失了很多機會。無論我怎麼勸告，他都聽不進去，只能眼睜睜地看著他往火坑裡面跳。當他真正明白我的一番苦心時，恐怕爲時已晚。你說怎麼辦呢？這就是成長

要付出的代價嗎？」

我非常喜歡一檔節目，它在大眾媒體上不斷地探討「死亡」、「時間」、「自我」、「真假」這類很沉重的話題。

這個女孩子的問題之所以讓我覺得興奮和驚喜，讓我很有回應的欲望，也是同樣的原因——它在講一個「輪迴」或者說「生命」本質的事情。

Hey，這個能從繁雜的生活中找到規律的幸運女孩，我想送你兩句不能更普通的話。

一句是，太陽底下無新鮮事。當你讀到這句話的時候，不知道你會不會感到悲哀。我是一個從事寫作的人，每當我想到的一個選題或者一個觀念已經被其他人甚至是幾百年前的人寫過了，而且寫得比我還好的時候，我是悲哀且確幸的。悲哀是因為我進化了這麼多年，有了更為豐富的認知體系，竟然還不如幾百年前的人，生為所謂的進化過的「現代人」，我很抱歉；確幸是因為人和人是相通的，是可以理解的，從歷史長河的維度來看，我不孤單，我經歷的總有人經歷過，不管它有多麼難，總能被攻克，生為「後人」，我很安慰。

另一句是，生命就是一場經歷。你可以肆無忌憚地按照自己的意願來度過，它應該是你最自信的資本，在你這裡，它有三層意思。

第一層你不能用「得到機會」或者「事業成功」來定義你的成長。你的成長應該有很多維度，有沒有愛過一個人，有沒有做過勇敢的事，甚至有沒有栽種過一棵樹……你的成長應該是萬花筒，得到機會與否只是生命中一個很小的板塊。當你用「得到機會」來定義成功的時候，你認為自己真的做到「懂得」了嗎？你認為你弟弟失去了工作機會是往火坑裡跳，難道你看不到自己眼前有更大的火坑嗎？失去了體驗人生豐富性的能力，只關注職位的晉升，想要抓住每一個機會，像各嗇鬼一樣對成功寸步不讓，很可怕，這不是成長應該付出的代價。

第二層，人生沒有「為時已晚」這回事。人生就是一場經歷，就像你想去一個旅遊景點，十年前去和十年後去，會看到不同的風景，而這些風景沒有好壞、優劣之分，早晚並不意味著優劣。你只是比你弟弟早看到了風景，並不意味著你弟弟來時風光不再，也不意味著你看到的比他看到的更美好。

在我心中，「為時已晚」可能是最無用的詞語之一。世上沒有「為時已晚」，因為沒有什麼事情值得分秒必爭，當你覺得晚的時候，恰恰是最早的時候。

第三層，你永遠擁有拯救世界的能力。我知道你聽到這句話時可能會笑，會覺得我是在胡扯，但你知道嗎？因為你不相信，它就離你而去了；你若相信，在人生幾十年的光景中，它會不斷賦予你特異功能，讓你慢慢變成非常厲害的、連你都不認識的自

己。相信自己沒有天花板，相信自己的想像力，相信自己的勇敢；不嘲笑自己的白日夢，不嘲笑自己的不自量力，不嘲笑自己的異想天開，在內心給自己留一片自由之地的人，拯救世界算什麼？創造世界都有可能！

和你一樣，我也是姐姐，看著調皮搗蛋、惹是生非的弟弟一路成長過來，中間有過無數個以過來人的身分勸誡他的時刻，甚至還為此鬧得不可開交。後來，也許是因為累了，也許是因為我懂得了，我不再干涉他的人生。我看著他頭破血流，看著他強顏歡笑，看著他咬牙堅持，可是，我好高興啊，現在的他和我完全不一樣。

你知道，作為姐姐最可怕的是什麼嗎？是在你沒有孩子的時候，先讓你的弟弟成了你的試驗品，而你卻沒有主持大局的能力和資格。

第二章

每一寸性感都是有血有肉的榮光

Hey

主動追求愛情的女孩

　　我和大多數人一樣，是透過綜藝節目認識的程女士，雖然她演過電視劇，但我對這張面孔和這個名字完全沒有印象。綜藝節目中的她太特別了，和其他妻子完全不一樣。別的妻子都是被丈夫各種花式寵愛，而她卻變著花樣寵丈夫；她主動求婚，主動買求婚戒指；別的妻子可以穿自己喜歡的衣服，她卻嚴格遵從丈夫的要求，堅決只穿過膝長裙；丈夫的一句「想你了」，就可以讓她放下手中的一切，第一時間飛到他身邊。看著螢幕上那個「不合時宜」的她，有點尷尬，但尷尬的不是她，而是我們這些觀眾。

　　不知道從什麼時候開始，對於愛情當中「追求」的解讀，影視作品和現實生活呈現兩極化了。在現實生活中，大家心照不宣地達成一致：女孩子不能太主

動，如果約會之後，男孩子不給你發訊息就說明他不喜歡你，你就不要聯繫他了，女孩子似乎天生就該是被寵愛的那一方。而我們喜歡的電視劇卻恰恰相反，那些讓我們興奮、感動的愛情幾乎都是女生主動追求男生的故事，女生在窮追猛打的過程中，或者霸氣外露，「我看上你了，你就是我的了」；或者小心翼翼，用無數個夜晚和白天，像是在一張白紙上作畫，慢慢暈染成形。

現實中的「女孩，主動你就輸了」；到了電視劇中變成了「女孩，主動你就贏了」。

朋友們都說我是文藝女青年，而我卻不願承認，可是當我寫下上面這段話的時候，我承認自己是活在影視作品中的女孩：遇到喜歡的人，我會勇敢追求，不計較所謂的面子，也不在乎最終的結果，所以在我過往的情感經歷中，從來沒有過暗戀，也沒有過曖昧。喜歡或者討厭，我會爽快地說出，雖然這樣做很多時候會後悔，沒有那麼理性，但是轉念一想：無論是什麼原因導致我們分開的，都說明緣分沒到。

主動的女孩都是「程女士」，尤其是當你主動的對象是一個你特別愛的人的時候，你會為他卑微到塵埃裡，可是這種「卑微」，是幸福的，是妥帖的，是接納的。

之前聽長輩講過一個非常精闢的觀點，他說：「如果你想要做職場女性，在外面闖出一片天地來，我支持你；如果你想要辭

職回家，做全職太太，以養育子女爲業，我也支持你。但我不支持的是，你不知道自己想成爲什麼樣的人，只會盲目地聽從別人的安排。」

主動的女孩都是「程女士」，但未必都能有程女士的幸福，因爲程女士並非人格分裂，而是全然接受自己的「角色認定」。她安安穩穩地持家，一心一意地愛丈夫，即使沒有事業，沒有自己的生活，也能全盤接收。

不過，我擔心她上完綜藝節目之後會沒有之前那麼幸福，遭受過多的評價和衝擊之後，她能否在內心完成自己的重建，像過去那樣完整呢？不知道。有時打開自己是好的，但有時不改變自己，只做適合自己的，才是好的。

很多人認爲主動的一方是吃虧的，且不說愛情當中有沒有吃虧一說，即便有，主動的在我看來恰恰是占據主導權的一方。不知道大家有沒有注意到程女士每次在說到她和丈夫之間的「尷尬」事時，臉上都帶著笑。其實她完全可以不說，但她願意自然而然地把那些事說出來，從這個角度上說，她是特別自信的。在這段感情中，收穫更多的似乎是程女士的丈夫，但眞正能左右關係的其實是程女士。有人覺得，程女士是因爲過於天眞，所以才會那麼主動，但我覺得「主動」是她的武器，是她主動選擇，而不是被動接受的結果。

主動的女孩沒有不自信的，就算這一次輸了，也有機會贏得下一次的勝利；而被動的女生，可能連機會都沒有。

說到這裡，我的「尷尬症」又犯了。每次談論愛情的時候，我都告訴自己：只要是出於愛，所有的形式都可以接受，無論你是主動還是被動，只要適合你的都是好的。

像程女士一樣的女孩，你並不奇怪，你的愛情只是無數種愛情中的一種而已，千萬不要因為稀缺就向大多數靠攏，你酷著呢。

Hey

問我理想愛情的女孩

　　最近幾年，我被人問到最多的問題是：「你理想中的愛情是什麼樣子的呢？」我答不上來，因為從來沒有想過。生活中的我，只會做排除法，有特別不能接受的地方就拒絕，至於喜歡什麼樣的？不知道。直到最近幾天，我連續看了兩場電影之後，才突然找到了答案。

　　一部電影叫做《時尚女王香奈兒》，它抓住了香奈兒成功的精髓──她對自我與眾不同的認知。其中有一個段落特別打動我：香奈兒的第二位情人卡保對當時很不堅定的香奈兒說：「你是特別的，你的未來一定會非常閃耀。」當時香奈兒寄居在第一任情人那裡，被私藏，也被當作玩偶，在看不到未來的情景下，即使她想掙脫出來，也是力不從心，直到卡保的出現，

她才真正放手做自己。卡保比她自己都要相信她，相信她的天賦，無私地支持她的反叛，對她的不合時宜拍手稱讚。

是卡保讓香奈兒成為香奈兒，她對此是非常自知的，她願意一輩子做他的情人，她為了他一輩子沒有結婚，他是她唯一承認愛過的男人。這是愛情嗎？我更願意將之視為知遇之恩。有個人打開了你天賦的閥門，讓你看到在自己內心深處洶湧的力量，這種可遇而不可求的相知比相愛更美好。

在電影結束的時候，我腦海中蹦出了「理想愛情」這四個字。理想的愛情，如果只有一個因素，那就是有個人闖入你的生命中，幫你確認自己，讓你成為自己。一個人在世間行走，難免不夠堅定；一個人在世間觀望，難免看不清、看不懂自己。你需要有一個旁觀者，在你看不清自己的時候對你說「你在這裡」；在你看不懂自己的時候，對你說「你就是特別的，堅持就好了」。知遇，就是我所憧憬的理想愛情。

後來，我陰差陽錯地又看了一部電影《敢愛就來》，它最打動我的一點和《時尚女王香奈兒》類似：每當男主角朱利安不做自己時，女主角蘇菲就會站出來提醒他要傾聽內心的聲音。朱利安不想承認自己喜歡蘇菲時，蘇菲就直接撕破遊戲的外殼，讓他看清真實的關係；朱利安為了讓父親高興，選擇娶一個自己不愛的女人，蘇菲就大鬧婚禮；朱利安選擇結婚、生子、從事不喜歡的工作時，蘇菲就和他來個十年之約，讓他始終矛盾、痛苦。

這部電影特別把「做自己」和「不承認自己」都放大到了極致，裡面最經典的遊戲是「敢不敢」，每一次打賭的背後，其實都是在問「你敢不敢做自己」。蘇菲一直在做自己，她從未泯滅自己的天性，她知道自己在做什麼；而朱利安自從母親去世之後，身上肩負了太多的重擔，漸漸地放棄了做舒服的自己，開始過起了看上去很正常，其實非常痛苦的生活。兩個人都是很特別的人，一個承認自己的特別，另一個故意躲避，可是怎麼能躲避得了呢，到頭來還不是無法忍受。

　　卡夫卡說：「我覺得這個世界上沒有一件比和你永遠地、不被打擾地在一起更幸福的事，雖然我感覺這個世界上沒有這樣一個地方。我希望有一座墳墓，又窄又深的墳墓，在那裡我們緊緊擁抱，把頭藏進對方的臂膀中，然後不會有人再見到我們。」

　　世間最令人著迷的事情就是懂得，可是更令人神往的是在你不懂自己的時候，有人不僅懂你，還引導你去發現和認識模糊的那個自己。

　　我知道這非常難，非常理想，非常稀有，可是它存在。也許理想本身就不是用來實現的，而是用來靠近的，就像掛在天邊的月亮，你尋著月光走，總能感受到欣喜。

Hey

沒有去過天文館的女孩

今年我鬼使神差地和同一個人在夏天去了海洋館，在秋天去了天文館。這兩個地方，從來都不在我的遊玩清單之內。當我告訴閨蜜「我要和某人去天文館」時，她給我的回答很直爽：「誰這麼有意思，帶你去這種地方啊？」但人生就是充滿了臨時的驚喜，這兩個地方我去對了。

海洋館填補了一些我關於童真的夢。在海底隧道裡，看著五彩斑斕的魚在頭頂歡快地游來游去，就想搬個摺疊凳坐下，回憶起小時候在夏天找個樹蔭，坐在躺椅上，一坐就是一個下午；水母無光，透明得有些恐怖，但牠很輕、很纏綿，像夏日裡，情人陪在身邊，在大北京的路肩上蹲著吃雪糕；看「美人魚」表演，明知道那是表演的，還是會進入角色，問身邊人：

「小時候的你想要去解救她嗎？」他一愣：「傻不傻？」湧上心頭的暖意瞬間就化開了。

而天文館填補了一些我關於遙遠的夢。自從會背〈姐姐，今夜我在德令哈〉之後，每隔一段時間，就想去大草原看星空，但一直沒有機會。天文館肯定是「啃」不夠的，只要「嘗」一下就好了。

坐在 4D 的帷幕下，被璀璨的星空包圍，仰著脖子看根本不知道名字的或明或暗的星體，興奮地對朋友說：「你看，那個像不像一隻風箏？這個好像一隻豬啊，哈哈哈哈！」當看到自己的星座所對應的星辰時，想把每一顆星星都記住，雖然不知道有什麼用，但就是覺得它們維繫著我的命運；人人都說看過宇宙之後，會覺得自己渺小，當我坐在那裡，看著頭頂上的星空的時候，我在想：我要是哪一天特別難過，就買張票進來看星空。不是因為覺得自己渺小，眼前的事情都不是事，而是在星空面前，我會覺得自己很強大，會平添很多生活的勇氣。蒼穹之下，你一個人屹立著，能夠抵禦生活的磨難。

但是，沒有去過天文館的女孩，填補這些夢，並不是我勸你去的理由。夢總歸是虛無縹緲的，如果你想要「學成歸來有所用」，我告訴你：它可以的，那是一個「審判」你有多無知的地方。

　　這兩個地方，基本上都是孩子的世界，無論你什麼時候去，都能遇到嘰嘰喳喳的孩子。我最喜歡站在某個展示品的前面，靜靜地待上幾分鐘，聽孩子的父母給孩子講解，非常有意思。有的父母只會告訴孩子標籤上的字怎麼讀，即使孩子根本不明白，也不多作解釋；有的父母拉著孩子到處拍照，無論背景多麼突兀，只要是和科學知識有關的就都拍下來；有的父母似懂非懂地給孩子比畫，我在旁邊聽著都樂。

　　我問一個老同學：「你想過沒有，如果有一天帶著孩子來看展，你會怎麼給孩子講解？」他說：「我會提前一週做好功課，不然什麼都不知道，孩子會看不起我。」他說的話，我懂。我們兩個都是研究生畢業，從事著很多人羨慕的工作，看似很有能力，但是進了天文館，他問我：「流星是怎麼一回事？你說，這個星宿為什麼叫這個名字？」我們倆都答不上來。更尷尬的是，一起看全天域星空電影，我們兩個說的詞只有「太美了」、「好酷」，除此之外，一句話都說不上來。

　　我猜，有一天，他帶著自己的孩子來，一定和大多數父母一樣，帶著孩子隨意逛，說些自己也沒有底氣的話。一個每天忙於工作的人，很難真的有精力和時間為了孩子提前準備功課。我也一樣。其實，那些知識都是非常淺顯的，國中的地理課本上就能了解到，只不過那個時候為了考試，草草記下來，之後的很多年裡也用不上，就漸漸地忘掉了。

那成年人應該如何帶著孩子去看展呢？我從一位導遊那裡找到了答案。他給孩子講天狼星：「天狼星啊，就像是你們班裡面脾氣非常壞的學生，他的脾氣有多壞呢？你們知道二〇一八年九月在中國登陸的颱風『山竹』嗎……」講完「山竹」的威力，又講了天狼星與地球的距離等等。我聽得津津有味，不想走開，小孩子們則昂著頭，或是回答導遊的問題，或是若有所思。

　　我很喜歡這位導遊給孩子講解的風格。孩子需要的未必是真正的知識，因為以後會有老師和課本教給他，我們做父母的或者做哥哥姐姐的，可以滿足他的只有一樣東西，那就是豐富的好奇心，讓他不覺得天空無聊，不覺得海洋無趣。

　　當你和他講流星、隕石、多寶魚、企鵝的時候，你可以告訴他你什麼時候看過一場什麼樣的流星雨；可以和他說隕石就像他在街邊玩石子的遊戲；可以和他講你哪天在某個新聞上看到過一條形狀更奇怪的魚；可以和他講你想要去南極看企鵝的夢想……重要的是，你在和他說有溫度的故事，你在和他分享你的心情，你和他有話可說。

　　然而，即便是我和我的老同學這樣的有點墨水的人，在天文館也只能目光呆滯地去展櫃上「認字」，不知道該聊些什麼。不是不想聊，而是沒有相關的知識量，或者說沒有提前做功課。

　　天文館對成年人的「審判」就是：你要麼有智，要麼有趣，否則你不應該走進去。

Hey

想後退一步的女孩

　　我和你是在健身房認識的，那天我們相約吃飯，在聊了美食、娛樂八卦和情感話題之後，你話鋒一轉，突然問了我一個很奇怪的問題：「我們這樣的普通人，智商不高，情商也不高，是應該奔向遙遙無期的遠方呢？還是後退一步，去追求不用活得那麼累的生活呢？」我好奇地問你：「你為什麼會突然聊起這個話題？」你說，每次來健身房之前，都要做很長時間的心理建設：「我需要這麼努力地健身嗎？我這樣，不胖不瘦，不也挺好的嗎？」

　　我懂你的這種感受，我也時常陷入這樣的焦慮之中。胖的時候，去健身房的目標很明確──要減掉身上的贅肉，可是當真正瘦了下來時，就沒有具體的目標了。雖然知道維持現狀也是很難的，但相對於減重而言，它的確引起不了你的興趣。只不過，即便如此，

每一次的心理建設我都會很好地完成，逼著自己一次次無精打采地走進健身房，再精神煥發地走出健身房。

到現在我也不知道這樣堅持下去到底有什麼意義，又會有怎樣的效果，但堅持鍛鍊身體本就是一件很美好的事情，何樂而不為呢？

人生也是如此。很多時候，你並不知道咬牙堅持下去會成功，還是會失敗，但生而為人的那一口氣，總是支撐著你往前走一步，再走一步。你問我的問題是一個選擇題：我們是要向前，還是可以後退一步？親愛的，你覺得我們的人生真的有選擇嗎？你根本做不到後退，因為後退比向前更痛苦。

試想一下，當你的同事都在加班趕工的時候，你按照正常的下班時間回到家之後，你的心情真的是放鬆的嗎？在家裡覺得自己不團結合作的心情，好過在公司加班的心情嗎？有沒有那麼一刻想對自己說：「要是我再努力一下，是不是就可以有更多的選擇？」人生似乎可以有無數次選擇，但這些選擇都只基於一點：變成更好的自己！往前走，往後沒得走。

印度有一部電影《廁所愛情故事》，我很喜歡它並不是它有多麼宏大的社會題材，而是因為它很好地詮釋了「往前走難」，還是「往後退難」的選擇。

女主角想要在自己家裡有一間廁所，男主角最開始給她的選擇都是「往後退」，透過不同的方式告訴她，家裡沒必要建造一

間廁所。其他的女人都是在路邊的草堆裡面解決，她也可以；草堆不行的話，她可以去隔壁老奶奶家解決，老奶奶癱瘓在床，反正吃喝拉撒都在一個屋子裡；老奶奶家不行的話，她可以用火車上的廁所，反正每天都有火車從家門口經過。

男主角給了女主角好多個選擇，但所有的選擇都是「往後退」的，女主基於對男主的愛，也相應地一步步後退著。兩個人都以為後退、向沒有廁所妥協也是可以的，直到一天女主又去火車上上廁所的時候，因為堆積的雜物太多，導致廁所門打不開，她被關在裡面，火車開動，她下不來了。那一刻，她知道自己不能再往後退了，這樣一直後退是沒有盡頭的。

於是，她開始「往前走」。「往前走」同樣很艱難，受當地風俗文化的影響，村民完全不能接受廁所的存在：男主費盡心思給她建了廁所，被村民搗毀了；她用離婚作為籌碼來喚醒民智，因為在這個村子裡面，已經有幾百年沒有人離過婚了；建廁所而引發的離婚事件此時已不僅僅是這個村子的事情了，整個省，甚至國家某行政機關都被動員起來了。一間「廁所」牽動了整個國家，這「往前走」比「往後走」要難得太多太多，可是，「往前走」是對的，不管多難，不管要多久，那間「廁所」終於到來了。

這是一部根據真人真事改編的電影，每次回看，都給我很大的力量。在生活中，有太多的時刻，我們想往後退、想妥協，可是妥協真的沒用，而且更痛苦。現在回想起來，我人生中最痛苦

的一段時間就是在考研究所的第二年，我是要繼續往前走，考北京大學，還是接受自己只是一個成績平平的學生，考一所相對容易的大學呢？那段時間，我每天不停地問自己這個問題，也問身邊的朋友，他們給我的答案五花八門。總之，我做什麼決定，他們都支持，根本沒有提供建設性的建議。也許是因為不服輸，我還是毅然決然地選擇了考北京大學，雖然最後沒有考上，但我一點也不後悔。

其實，我覺得自己是可以考上北京大學的，之所以未能得償所願，是因為我在猶豫和糾結上面花費了太多的時間和精力。就像你問我的問題，到底是因為我們普通，才會去想往前走還是往後退的問題呢？還是因為我們把時間消耗在了往前走或往後退的狀態中，才變成了普通人呢？如果一個人根本沒有想過退路，就一門心思地往前衝，是不是比我們要過得簡單，而且成功的機率更大呢？我想，考研究所那段時間如果我內心再堅定一些，也許結果真的就不一樣了。

女孩，我知道你是偏向於往後退的，但我想告訴你，向前或許是遙遙無期的，但也可以沒那麼累；而既想往後退又想活得沒那麼累，才一定是遙遙無期的。

和你聊完天之後的某一天，我去游泳時，教練建議我學習深潛，那一刻，我出於本能地回覆他：「我不要，我寧願往天上飛，飛多高都行，也不願意往下游、往下潛。」

是啊，往前走，往上飛，其實是一種生而為人的本能。

Hey

經常發火的女孩

在寫下這幾個字前的幾分鐘裡，我剛剛發了一次火。我昨晚在某網購平臺上買了一些蔬菜，預定今天早上九點到十點間送達。家裡沒菜了，我等著它到了做菜吃飯，然後去上班。十點半左右，我突然接到客服的電話，他們告訴我，因爲配送站臨時檢查，今天的商品沒辦法配送了，得到明天。我說，那就明天吧。對方又說不可以，因爲訂單二十四小時之後會自動取消。聽到這裡，我非常生氣地掛了電話。

我非常頻繁地使用這家網購平臺，還爲此辦了會員，但自從成爲會員之後，購買十次商品，至少有七次無法配送或者延遲送達。這樣的狀況，的確會打擾我正常的生活安排；而我無法忍受不按照規則來辦事的人，他們說哪個時間段送到就應該送到，送不到也

應該提前和我說，而不是不說或者延後說。如果明明有規則，卻不去遵守，那無異於把別人當傻瓜，覺得別人好應付。

回想這一週內，我上一次發火是週末去健身房上課時。在健身房我辦了兩張卡，每張卡可以上三次私人教學課。第一節私人教學課，我提前一天預約好了，教練卻在當天告訴我她要去看演唱會，要求我改時間。我其他時間真不合適，她才勉強答應給我換一個教練。第二節私人教學課，教練告訴我，他是高級私人教練，只能上一次課。第三次私人教學課給我換成了普通私人教練，非但教學沒有耐心，水平也很低，還告訴我一個更壞的消息：我辦的兩張卡只能用一張，原因是當初賣卡的客服沒說清楚。什麼？沒說清楚，那我退卡行嗎？不行，我只能轉給他人使用，可以轉，但不可以送。

正當我拉下臉來，想要和他們吵一架時，和我同去的閨蜜比我早說了一句：「那好吧！」遭遇了這種痛苦的體驗不說，還被坑了，那好吧？等我們一起走出健身房，我問閨蜜：「你難道一點都不生氣嗎？」她很平靜地說：「不然呢，就算跟他們吵一架，他們不該退的卡還是不退。」我聽著她平靜的語氣，憤怒又無語。

我非常後悔當時在她說出那句「那好吧！」之後，沒有繼續把我的憤怒和特別不好的體驗告訴店長，他們可以不退給我錢，但是他們必須知道自己在做些什麼。如果我們容忍他們這麼做，就是我們把自己當傻瓜。

　　從小，我們就被父母和老師教導要成爲一個得體的、彬彬有禮的人，可是面對不守規則的人忍氣吞聲，不但不得體，而且會讓整個社會不再井然有序。當一個人不表達、不憤怒的時候，會發生什麼呢？

　　我想，那家網購平臺的客服會再打來一個電話，客客氣氣地對我說：「不好意思，還得麻煩你退一下款。」還厚顏無恥地說：「如果你方便的話，記得給我的服務打分數哦。」在他眼裡，委曲求全、以近乎祈求的態度與顧客說話，就是好態度。不好意思，我就認爲客服是解決問題的，不是傳遞問題的，一個客服的態度再好，但目的不是解決問題，就沒有存在的價值。

　　健身房的客服在我到家的那一刻發來訊息：「您之後會繼續來健身房嗎？需要訂製的長期服務嗎？」看到這條訊息，我笑了，太荒誕了。一個大家都心知肚明的、體驗非常差的過程，還想要一個更進一步合作的結果？不是自己不自知，就是覺得別人沒腦子。

　　我從小就是一個脾氣暴躁的人，我媽有時候會說：「沒關係，等你長大之後，會有更多煩心的事情，那時你就不生氣了。」長大之後，我依然脾氣暴躁，朋友有時會說風涼話：「你要是有錢了，就不會遇到這麼多煩心的事情了。」我遇到了更多的煩心事，但我依然憤怒；我比之前有錢了，依然會遇到很多煩心的事。

長大和有錢，並不能讓你少遇到煩心的事，反而會遇到更多煩心的事。

　　我依然會憤怒，會爲規則而憤怒。我不知道憤怒到底有多大的力量，但我知道以後再遇到這種事情，我一定做一個「難搞」的人，把這些不合理的事情都告訴對方，即便看起來很可笑，但憤怒本身就是一種力量，其他的都是附加價值；我不知道憤怒有多大的力量，但我知道，因爲我一直爲不守規則憤怒，就會成爲一個一直守規則的人，起碼是時刻謹記規則的人。

　　規則是現代文明社會非常重要的元素，今天破壞了規則，明天就可能受到破壞規則的苦。日常生活看似風平浪靜，但總有這些不開心的事情夾雜其中，這就是所謂的五味雜陳的眞相吧。

　　我喜歡北京，很重要的一點就是很多東西都有規則，公車基本都很準時；地鐵突發故障會及時通知乘客；去什麼地方都要自覺排隊⋯⋯正是這些程序化的東西，讓你覺得安心，想在這個城市生活下去，這是一個現代化城市的底線，也是一個身爲現代人的底線。

Hey

想要成為作家的女孩

在外行人的想像中，寫作是一件特別酷的事，一枝筆，一臺電腦就是全世界。有時候我也這樣想，比如看《慾望城市》時，看到作為雜誌專欄作家的凱莉趴在床上，或者沙發上，點著一根菸，手邊是一杯酒，整個房間裡面只有自己的時候，是滿酷、滿爽的。但實話實說，寫作對於我來說，一點也不酷，有時寫稿到深夜，想要喝一杯紅酒，還會因為擔心熱量過高而作罷。

我經常聽到身邊的朋友、親戚或者讀者說，他們也想寫作，也想要成為作家。但幾年過去了，還在這條路上的人寥寥無幾。怎麼說呢？很可能是它太難、太枯燥了，雖然它確實很美，但是那種美很多人還沒有機會感受到，就放棄了。仔細想想，這些年支撐我寫下來的，也不過四個字：自救、安頓。

寫作於我而言是一種自救方式。我常常把日常生活比喻為海洋，每個人都在裡面掙扎著，想要游的姿態好看一些，而我不讓自己沉入水底，且能夠偶爾浮出水面大口呼吸的方式就是寫作。

當身邊的人都快速奔跑，眼裡只有目標和終點站的時候，我透過寫作讓自己慢下來，看看沿途的花草、流水和落日；當身邊的人逐漸不想擁有悲傷和痛苦，只想要快樂和幸福時，我透過寫作來累積悲傷、儲藏痛苦，因為沒有這些，快樂也就無從談起；當別人說「你不行，你是個失敗者」的時候，我透過寫作確認「我有那麼大的能量，別人只是沒看到而已」……如果沒有寫作，可能我生理上的年齡是二十八歲，而心理上的年齡是三十八歲，不自救的人，真的老得很快。

寫作於我而言還是一種安頓。周國平說：「寫作從來就不是為了影響世界，而只是為了安頓自己。」對我來說，亦如是。

我必須寫，因為我內心有千軍萬馬在奔騰；因為內心有一片草原，每一株小草都搖曳著露水；因為我有一萬零一張臉，每幅面孔都值得被看到和記錄。

你知道嗎？痛苦是有層次的，有的痛苦會讓你哭幾分鐘，有的痛苦會讓你哭好幾年，有的痛苦則能讓你在心裡哭一輩子。你知道嗎？「抱歉」和「對不起」是有區別的。你知道嗎？當你說愛一個人的時候，包含了太多的情感，有對相遇的感恩，有對差異的包容，也有對孤獨的體諒。

這些也許你都知道，但是這些東西太多太多，也太小太小，小到你只是轉念一想，只是一秒之差，是寫作者、創作者讓這些微小的東西能被看到、被記住。

我是一個聒噪的人，內心住著一片浩瀚，沒有寫作，就會被自己吵死。因為寫作，我才有了正常的呼吸，正常的生存，正常的愛和喜悅。

可是，我也深知，寫作給予了多少東西，就會奪走多少東西，是等值交換，是平衡的。

如果你想要寫作，就必須尊重自己，也就意味著你必須做自己。如果你的所有觀念都是老師、父母、社會教給你的，那你就是社會機器上重要的一環，只是一個工具而已，不是你自己。

尊重自己，意味著尊重自己的情緒，不管是陰暗面、不成熟，還是驕傲、自大；尊重自己，意味著說真話，說自己想說的話，而不是說別人愛聽的，或者你覺得漂亮的話；尊重自己意味著你相信自己是一個獨特的人，即使人群將你淹沒，你也能伸出一隻手，讓大家看到你的特別；尊重自己，意味著你要有自己的生活方式。換句話說，你的生活方式很重要，作品會反映你的生活方式。如果缺乏生活體驗，你憑什麼寫出生動的作品？

多問幾句「憑什麼」？你也就在回答的路上，一步步成為你自己了。寫作不是寫字，寫作是寫人，是背後大寫的人。

如果你想要寫作，就必須有很強的毅力。寫作是一件靠自律才能發現美感的事，同時也是一件非常「當下」的事。

　　寫作是和自律相伴而行的，是有聯動效應的。保持一定的寫作頻率，才會有有如神助的靈感和手感；保持一定的寫作頻率，才會有飢餓感，才會想要嘗盡世界更好的能量；保持一定的寫作頻率，寫作才能救贖你和安頓你。若偶爾行之，那就當作是遊戲吧，別期望它能給予你多少。

　　說它「當下」是因為在你沒有足夠的功力時，需要「想表達」來刺激你，如果你在想表達時放棄了，那這團火就熄滅了，只能等待著下一次被點燃；如果下一次點燃時，你就放棄了，那這團火一次次地被熄滅後就更難被點燃了。你想表達就去表達，「助長」內心的火焰，才能讓它越燃越烈。

　　越寫越覺得寫作是一個非常神奇的、充滿奧妙的世界，也是一場漫長的修行，每前進一步，看到的風景都不一樣。所以，女孩，如果你是真心喜歡寫作，那就去寫，去堅持；如果不是出於興趣，我勸你當作消遣，開心就好了。

　　祝你寫作快樂，祝你取得真經。

Hey

扮冷扮酷的女孩

　　最近看了一本特別有趣的書《我遇見了人類》，講的是一個外星人來地球毀滅人類時發現關於數學的祕密。沒想到的是，它非但沒有毀滅地球上的祕密，反而被人類同化了，放棄了作為外星人的優勢，努力成為人類中普通的一員。這個故事很簡單，但縈繞在整本書當中的愛和溫暖，讓我感動不已。

　　這個外星人有過一個觀察：「當你凝視著人類的臉龐時，你會明白來到人世間是何等幸運。在我妻子的家族裡，在她之前，應該有十五萬代人，這還只包括人類，不算猿猴。十五萬代人越往後交配的比例越低，生孩子的比例也隨之呈現下降的走勢。每一代人出生的概率僅為千萬億分之一乘另外一個千萬億分之一。」看到這裡，我的淚水直接就流下來了，世間兩個人相遇本身就是太難太難的事情了，如果還能相

愛，那就是得到了整個宇宙的祝福。

如同我聽到過的關於相遇最好的一段話是：「在你到來之前，我迎接過陰風、海嘯、驚雷、山鬼，以及來自心底一陣一陣的暗戾。我以天地為不屑，以塵間為嗤鼻，自詡無羈無絆，圖個瀟灑肆意。唯獨沒料到，你一入眼，我便亂了陣腳，不能自已。」讓我亂了陣腳的，不是你，而是愛。

《我遇見了人類》這本書的作者是馬特‧海格，一個有很多年病史的患者。他寫這本書的初衷是「如果能讓一顆心免於破碎，就不算虛度此生」。我想他不但做到了，而且在這個故事裡面，他自己一定在某種程度上獲得了治癒，當他說出「愛是彌補人類無法永生的產物」時，他一定和自己、和世界和解了。

也許真的是到了一定的年齡，現在看到相遇、相愛這種溫情的畫面，都會覺得心裡很暖。那晚回家的路上，前面一對情侶牽著手慢慢地走，平平靜靜地說話，安安穩穩地走路，我默默地看了很久，這在之前是不可能的，我會像一陣風一樣從他們身邊走過，一個眼神都不給。

就像我之前寫的文章一樣，無論是編輯還是讀者，他們給我的評價都是一針見血，有一段時間，我挺為這個評價感到高興的，說明我眼光毒辣，說話一針見血。但是現在，一針見血並不是我想要的，溫柔才是，愛才是。這是有關底色的事情。在很多年裡，我的底色是冰冷的，所以我可以冷眼旁觀，覺得其他人的事情和

我無關，甚至認為可以隨意指指點點；而現在，我的底色是暖的，是共情的，是有同理心的，是我知道你很難，而我也曾經難過。

動漫《夏目友人帳》講的是一個少年和一群妖怪的故事。有一陣子我迷上了這部動漫，並在下班的路上講給同事們聽。我說：「你們知道嗎？世間很多事情，你相信它，它就存在；不相信，就不存在；如果最後一個相信的人也去世了，它也就消失了。」我一本正經地說，他們裝模作樣地聽，最後問了我一句：「你現在怎麼越來越幼稚了？」不，親愛的，這是對生靈有感知，是開始共情地發散。

我一直覺得溫柔和愛是一種能力，是一種需要修行的功課。它們不是與生俱來的，也不是你說話柔聲細語，會照顧別人就一定有這種能力。溫柔和愛不是軟弱，反而是強大的。

馮唐說：「我固執地認為女生是高於男生的物種，任何女生在不自覺的時候，都充滿了神性。珍惜這些柔軟，它們比山川和詩歌更加古老，更加有力量。」

是的，溫柔和愛是一種神性，是像汪曾祺一樣，在講他故鄉的鴨蛋、蘿蔔條和鹹魚時，都彷彿抱著一個孩子，生怕孩子的一聲哭泣，自己就傷透了心。

在過去的很多年裡，我追求的是冷酷，因為我不相信愛，不欣賞溫柔，不理解親密關係，不寄希望於別人……而現在，我想說，不要總想著扮冷扮酷，真正寶貴的是溫暖的東西。

Hey
尋求建議的女孩

　　人在不知所措的時候，總覺得別人的建議是神藥，可以包治百病，唯獨忘記了自己才是病人，才真正知道哪裡疼痛。

　　我也一樣。我的上一段感情千瘡百孔的原因，除了我自己不堅定之外，就是被太多的聲音、太多的建議包圍了，比之前任何一段感情都多，最有影響力的聲音就來源於我的閨蜜。

　　我和他吵架了，向她訴說，她說他根本就不適合我；他做了某件我覺得不合適的事，問她的看法時，她會說他這是不愛我；和她分享我和他的快樂時，她會說幼稚。現在想來，在她那得到的都是負面評價，但在「當下」，下意識地、不自覺地，我還是把她說的都聽進去了，我和他分手了。

當然，分手的原因有很多，但不得不承認她的話起了很大的作用。雖然我是一個很少能聽進別人的意見的、一意孤行的人，但也避免不了有些話聽多了就不由自主地支配著你。在分手那個階段，我完全沒有意識到這個問題，直到很久之後我和她閒聊時，才發現我沒發現的東西。

我曾把他發給我的一些很甜蜜的訊息保存，某一天，我和閨蜜聊起「聽到過最甜蜜的情話是什麼」這個話題時，我把一張截圖發給了她，大致的內容是：我問他有沒有想我？他回覆：「怎麼說呢？我原以為自己知識量很廣，但比非常想你還想你的話，死活找不到詞語表達。」嗯，這在我心裡特別甜，原因在於他是一個非常話少且酷的人，冷不防地說出這樣的話就會讓人覺得特別驚喜。而在這時，閨蜜給我的反饋是：「如果我男朋友對我說這些話，那我就一定會和他起爭執。」

突然間，我懂了——我們的感情觀完全不一樣，我喜歡非常酷的感情，而她喜歡非常甜的感情。她不認為我前男友說的情話很甜，而且覺得他的那些表現都是有問題的。

怎麼說呢？一瞬間有一種自己非常傻的感覺。如果你明明知道兩個人的感情觀不一樣，為什麼還要尋求她對你的感情建議呢？我們認識好幾年了，我知道她是一個非常真誠而溫柔的人，我們在工作和生活上是非常親密的夥伴。我潛意識裡覺得：我們是非常相似的，應該彼此信任，但恰恰忽略了我們在某些方面的

審美或者觀點是背道而馳的。

　　我並不是說閨蜜左右了我的愛情，沒有她的存在，該分手我們還是會分手。但這件事給我最大的感觸就是：我找了一個和我感情觀不同的人去談論我的感情而不自知，這是很可怕的；而且我們感情觀不同，我們倆卻都沒有發現。

　　從意識到這一點開始，遇到感情方面的困惑，我基本上都不會和她講了，而且基本上也不太和其他人講了。因為你是局內人，你最清楚可以自己做決定，只要後果自負就好。很多人說：「你要去請教別人的建議，他們是局外人，看得更清楚。」親愛的，他們是局外人，他們連「局」都吃得不透，怎麼可能看清楚？

　　很多人給我寫信、留言，我很少回覆。因為我無法透過他們傳達的幾句簡短的話，就給他們指點迷津。

　　昨晚，有個女孩問我關於是否堅持考公務員的問題，我回覆：「你自己是可以想明白的，如果到了大學畢業的年齡，你還想不明白，還不能為自己的選擇負責，那太遺憾了。」

　　今天有個女孩問我關於和朋友相處的問題，我回覆：「過幾天再來看你的這段留言，你會覺得有些可笑。」

　　不是我不推心置腹地回覆，而是我覺得人生的任何問題，自己都可以想明白，而且必須是自己想明白。作為我的閨蜜，她給我的建議都是基於她的情感觀，反而讓我的選擇受了一些影響，

更何況，我不是你們的閨蜜，並不知道你們是怎麼想的，也不知道你們現在的處境是怎樣的，那我所有的回答都是沒有依據的，都是不合適的。既然無效，爲什麼要回答呢？

人生當然是需要尋求建議的，但這些都必須是客觀的時刻，是你不知道該坐地鐵還是坐公車；是你不知道吃完蛋糕還能不能喝茶；是你不知道下一步的工作安排是怎麼樣的；是你不知道該選擇怎樣的健身房……爲了解決這些客觀存在的問題，尋求建議是有效的，因爲他們給你的回答也是客觀的。這個時候，尋求建議就成了一種社交。

但如果遇到主觀的問題，比如讀完大學是否要讀碩士；要不要嫁給一個我愛的但不愛我的人；要不要找一份安穩的工作……凡是主觀的問題，都由自己去解決。

惠特曼說：「你的內心一片浩瀚，那裡住著無數個你。」是的，這無數個你，足夠幫你看清不同的側面、不同的維度，也一定可以幫你做出最適合的決定，當然未必是最正確的，可是世上哪有眞正正確的決定？我們糾結、焦慮的一生，也不過希望每個決定都適合自己而已。

Hey

想辭職創業的女孩

近兩年，我身邊突然出現了很多創業者。其中，有些人創業我一點也不意外，但也有很大一部分人創業讓我覺得不可思議。一個踏踏實實的上班族，好像搖身一變，就成了看起來還滿成功的創業者。驚訝和不可思議的次數多了，我才了然：是我太把創業當作一件特殊的事了。

這幾天，好朋友來找我聊創業的事情，無外乎就是創業前的心理準備，萬一失敗了怎麼辦？萬一離職了，發現自己完全沒有創業能力怎麼辦？我聽完她所有的糾結和猶豫之後，說了一句看似是對她說，但其實是對我自己說的話：「失敗就失敗，年輕有什麼好失去的；萬一失敗了，就繼續找個公司上班養活自己唄。」

　　我支持所有有創業想法的人，無論看起來有多麼荒謬和不成熟。我們都知道人生就是一場經歷，我們願意去經歷不一樣的生活狀態，不一樣的情感關係，為什麼就不能去經歷不一樣的職場關係？一輩子都做員工，無論你換多少個領域和職位，依舊是在別人設置的框架下發展，為什麼我們就不能擁有不一樣的職場狀態呢？

　　二〇一七年，我遇到了一次小型的「職場危機」──被一個在非工作場合認識的朋友栽贓了。那天下午，我哭著給好朋友打電話，滔滔不絕地講我的委屈和不甘，腦海中所有的解決方案都是如何向主管解釋，證明自己的清白，直到電話那頭的好朋友說了一句話，完全打消了我想要證明自己的念頭。他說：「你知道為什麼這件事情同時發生在你我身上，差別為什麼會這麼大嗎？因為我是自由工作者，而你只要在公司工作，就永遠會面臨這種問題，就免不了被主管約束。」

　　二〇一八年的某一天，我接到一個老師的邀請，讓我去幫他做一場活動，當時我的時間很充足，就很自然地答應了。沒想到第二天我的主管突然就安排了很多工作，雖然需要我做的並不多，但是在全公司都在忙自己本職工作的時候，我肯定不能再去外面幫別人做活動了。於是，我非常歉疚地向那位老師解釋，因為我知道這會給他帶來大麻煩，畢竟他那邊也時間緊迫，一天都耽誤不得。在我非常抱歉地說完緣由之後，那位老師說了一句特

別痛心的話：「我理解你，但我也想告訴你：你越強大，就越自由。」

這句話被我列印下來，貼在了書桌上。我知道，從二〇一七年朋友跟我說那句話開始，創業的種子就已經在我的心裡種下了，再發酵一年，就該生根發芽了。雖然前面那兩件事看起來都是和公司的主管有關，但這只是表面，更深一層的是你心甘情願地受制於人，心甘情願地限制自己。我不會瞧不起一輩子都在公司上班的人，因為每個人的追求和想要的生活狀態都不一樣，像我這種已經有了創業之夢的人，就真的忍受不了，如果此刻在忍，那麼也一定是在等待時機。

我很希望每個人都有自己小小的創業機會，或者是開一家奶茶店，或者在街邊擺攤，或者成立一個培訓機構，不在大小，而在於你真正開始自負盈虧，開始為自己的職業全身心地投入。職場是有「枴杖」的，帶得久了，就要時刻有人扶著才能走路，等你出來自己做之後才會發現：沒有枴杖的你，不但走路帶風，而且還能奔跑。

想對所有像我一樣打算創業的人說：「你是否選擇創業，不應該是由它的困難與否決定的，而在於你是否想要擁有不一樣的職場生活。如果想，就去做，所有的人都輸得起。」

和朋友拼床的女孩

　　工作之後，每到搬家的時候，我都會從同事那裡聽到一句話：「我不是租套房，我是和朋友（同學）一起住，兩個人住一個房間，一張床。」問她們原因，基本上都是說「便宜」。這個時候，我就覺得特別不可思議，我們的收入不低，為什麼非要在房租上面這麼節約呢？按理說，選擇怎麼住，選擇和誰住，都是個人的選擇，別人沒有發言權，只是每當聽到這句話時，我總會想一個問題：為什麼我完全不能接受畢業之後再和別人一起住？

　　我想，最重要的原因就是，我是一個特別想擁有個人空間的人。就算租不起一整套房子，也要租一個套房，這會是你在偌大的城市裡唯一擁有的自由之地。沒有其他人，只有你自己。你可以隨意安排自己

的日常起居，可以按照心情賴床，可以熬夜看劇，可以早起讀書，可以選擇自己喜歡的床單，可以獨自在家裡喝個痛快。我不能接受有另一個人時刻在我身邊，而且還要睡在同一張床上，近得可以感受到她的呼吸。無論她和我的關係有多好，我都不能接受，更不要說隨便和一個找房子才認識的人了。

還有一個原因，我意識到自從我走向社會開始，就真真正正成長為一個大人了。如果你和同學住在同一個房間，其實意味著你心裡是有夥伴的，無論發生任何事情，回到家，總會有一個人在那裡。但現實的情況是無論發生什麼，你只能依靠自己，即便你身邊有人，對方也未必能幫你。那個和別人一起住的同事，基本上沒有社交活動，下班早早回家和室友做飯，週末一起在家裡看劇或者出去逛街，整個社交圈子都被她的室友占據了。然而，當你一個人住的時候，會想盡辦法豐富自己的生活，甚至逼迫自己去做各種嘗試，開始真正屬於你自己的生活。

很多人都覺得在大城市裡有個伴挺好的，但是要記住，這種表面的陪伴，未必是真正的陪伴。

有一次，我突然接到一個臨時的活動通知，需要去距離會場最近的同事家裡換衣服。進門後，我看到十平方公尺左右的房間裡，兩床疊得整齊的被子鋪在床上，其他地方被雜物和衣服堆積著，於是冷不防地問了她一個問題：「你在哪張桌子上看書啊？」她尷尬地反問道：「為什麼要看書啊？」我知道那是她下意識的

反應，而那個問題也是我下意識地問出來的，並無惡意。但是不知道爲什麼，兩三年過去了，這個情景還會在我腦海中時不時地浮現：我永遠都不想過那種「連一張看書的桌子」都沒有的生活。

那些和別人睡同一張床的女孩子是眞的窮嗎？是眞的付不起租金嗎？我想不是的，尤其是對我身邊的同事而言。她們之所以能夠接受這種居住方式，從本質上來說，其實是對某種生活方式的認同，她們寧願把錢用在和朋友聚餐、買漂亮衣服上，也絕不會把錢用在提高居住條件上。

出門玩，卽使我的預算再少，也會在力所能及的範圍內住較好的酒店。很多的朋友對這一點都不理解：「你住一個晚上，都趕上我一個月的房租了？」可是親愛的，不是這樣衡量的，這兩個並不能比較，甚至這種思維方式都不應該存在。

工作之後，我有兩個非常重要的感受。

一個是你的消費方式在塑造著你。當你花錢去吃喝玩樂的時候，很多人在上各種各樣的課，沒有高低之分，但長此以往會區分開這個人和那個人。因爲花錢和花時間是一樣的，在哪個地方用得多，哪裡效果就會明顯。

另一個感受就是下班之後的生活，在很大程度上決定了你是誰。下班之後回家繼續學習，還是和朋友一起聊天；有一份可以在家做的副業，還是認爲家就是一個睡覺的地方。這點點滴滴，

都會左右你的人生走向。

　　所以，親愛的女孩，在你的經濟條件允許的情況下，我真誠地希望你一個人住。一個人去完成對自己、對生活的探索和設計，多一點點錢，就能買來自由，這筆買賣簡直太划算了。

第三章

別擔心

沉悶的日子

會有風

Hey

太用力奔跑的女孩

　　二○二○年年底，我在深圳見了一個在銀行工作了十幾年的朋友，她跟我介紹了自己去年的基金收入情況，然後非常堅定地告訴我：「如果你拿出一部分錢投放到基金裡，以後很可能會有不錯的收益。」說完她就教我如何操作基金定投，並把自己非常信任的兩支推薦給我。分開的時候，她說了一句讓我特別觸動的話：「把錢投放在基金裡越久越好，不要著急取出來，就算漲了很多也盡量不要取出來，這是個長期投資。」

　　我相信她是對的，不，與其說是相信她，不如說是相信「長期主義」。我信任一切「長期主義」的事情，果然，年底收益是非常不錯的。因為相信長期主義，我依舊每日堅持基金定投，而沒有一下子投入很

多；因為相信長期主義，在收益暴漲的時候，我也沒有想著趁機撈一把，不然哪天降了怎麼辦？

這彷彿是二〇二〇年的一個暗示：別太用力做任何事情，而要循序漸進；太用力奔跑的人，往往跑不遠。

二〇二〇年是我創業的第一年，因為有股興奮勁在，也因為覺得自己一定得幹出一番成績來，導致我在前十個月特別用力，用力到身體吃不消、腦子不夠用，甚至懷疑做這件事的價值。在這裡，「用力」不是一個褒義詞，恰恰相反，它是一個貶義詞。太過用力的人，意味著他想快速得到結果，是個崇尚短期主義的投機者。

我很喜歡一句話：「別人幫你是情分，不幫你是本分。」這句話放在創業過程中也同樣適用：付出努力，仍然得不到收穫，很正常；付出努力就可以得到收穫，是幸運。但在創業早期，我認為每一分努力都必須得到回報才可以，而且是快速得到回報，否則就是我的能力有問題。現在想來，這個「用力」是多麼無知。

其實不僅是我，很多人都把「太用力」當作自己努力的標誌。在我的寫作陪伴營社群裡，我最怕的就是每天都來問我與寫作相關問題的人，非常「用力」且「痴迷」。這種用力的背後就是想要快速提高自己的寫作能力。可是，很抱歉，寫作能力真的無法快速提高。它是一個循序漸進的過程，你的思考能力、邏輯思維

能力、抽象思維的能力，哪一個都不是可以快速得到提高的。

當我們拚盡全力的時候，偶爾也要停下來問問自己：我這個用力，背後是不是意味著我想要快速得到結果。如果是，那就放慢進度。

當我意識到這一點的時候，迅速開始調整自己。在年底的兩個月裡，我基本上不開直播，也把拍攝短影片的頻率降到最低，甚至沒有開一門課，而是讀書、寫作、備課、調整團隊，做一些「休養生息」的事。我也在用力生活，但是用力得慢了一些。如此，我對未來的規劃有了更為清晰的方向，也堅信慢慢來更適合我。因為我做的事情不是譁眾取寵的，也不是馬上可以得到結果的，慢慢來，走得會更穩、更久。

不願意花時間等待成功的人，沒有資格問為什麼會失敗，因為成功很多時候就是「熬」出來的。

正巧最近在讀與巴菲特相關的書籍，看到他的一個觀念正合此理。他說：「我從不打算在買入股票的次日就賺錢，我買入股票時，總是會先假設明天交易所就會關門，五年之後才又重新打開，恢復交易。」並且告誡投資人，「任何一支股票，如果你沒有把握能夠持有十年的話，那就連十分鐘都不必考慮持有。」

對熱愛的事情也一樣，如果你堅信自己會愛這件事十年，那就十分鐘都不要猶豫，立即投入其中，十年之後你會看到一個不可想像的自己。

Hey

想要幸福婚姻的女孩

那天你說很羨慕我的愛情，好像愛真的會滋養人，讓我變成了更快樂、更幸福的樣子。

但是我想告訴你，親愛的，愛情不是靠愛，而是靠智慧。

我把最近幾年來的一些心得分享給你，希望可以帶給你直接的力量：

1. 越長大就越能知道自己想要什麼樣的伴侶，別著急。給自己長大的時間，我是到了二十八歲左右才知道我想要的伴侶是什麼樣子的。
2. 如果在「你喜歡」和「你適合」之間必須做一個選擇的話，我建議你選擇「你適合」。「你喜歡」真的會逐漸消磨和變形，而「你適合」時間越久，越充滿感恩。

3. 經濟條件在很大程度上影響兩個人的幸福指數。無論單身與否，好好賺錢，等有一天遇到喜歡你的人，可以讓幸福指數翻倍。

4. 找個年齡差不多的人，一起成長，年齡是篩選閱歷和成熟度最簡單的方式。

5. 如果你覺得自己心智不夠成熟，但有人願意接受你，那麼，你可以先走進戀愛，等心智成熟後，再走進婚姻。

6. 別一言不合就不相信愛情，也別草率地離婚。愛情和婚姻的好，都必須有「時間」這味佐料。

7. 結婚之前，別談太久的戀愛，兩三年足夠了。時間太久，兩個人的問題會越發明顯，而因為沒有婚姻的期待感，就讓這種矛盾增強很多。

8. 無論什麼境遇都要尊重彼此。不在任何形勢下、任何情境中，說出侮辱對方的話，一次都不可以。

9. 婚姻有很多種模式。如果你是女強人，也喜歡女強人的生活，不是非得靠老公在外打拚。你們可以找到適合自己的模式，比如你主外，他主內，別在兩性角色中禁錮自己。

10. 愛情和婚姻就是兩個人的事，你們要無比堅定。不要因為外在壓力就妥協，任何一方不堅定，婚姻都走不長遠。

　　祝好。

Hey

只管活成花的女孩

很開心，新的一年，你能加入我的編外團隊，和我一起並肩作戰——助人、賺錢、修行，做「人間富貴姐妹花」。

如果你問我對你有什麼叮囑，那麼本質上只有一句話，其他建議都可以從這句話延展出去。這句話很俗：你要活成一朵花。

活成一朵花，聽起來太小清新了、太不酷了。不，親愛的，這才是真正的酷。「活成一朵花」意味著你需要全力以赴地盛開，如果有蝴蝶被你吸引而來，那是很開心的事；但如果沒有蝴蝶為你而來，更要全力以赴地盛開，因為這只能說明你的香氣散播得還不夠遠。

無論在什麼境遇之下，你都要全力以赴地盛開，做好自己，其他隨緣。堅信「只要做好自己，就會被

吸引」，這才是眞正的酷。

現在「個人品牌」這個詞炒得沸沸揚揚，我去年也用了一年的時間來樹立自己的個人品牌，包括前年在個人品牌商學院工作了一年，我的切身感受是：很少有人能夠擁有個人品牌。爲什麼呢？不是說「再小的個體也有個人品牌」嗎？沒錯，每個人本應該有屬於自己的品牌，但太多的人學了一些技巧、方法之後，開始變成了「工具人」，只會用「套路」來包裝自己。結果花了太多的時間在技巧上，本質上忘記了「自己變好」這件事。

你加入我的團隊，我當然是希望你能創造業績，但我希望這個業績的產生是因爲你足夠好、足夠眞誠，也是因爲大家信任你、喜歡你、相信你。

我去年一年的收入都是來自這份信任。有一次我和一位投資人聊天，他特別驚訝我們寫作陪伴營的打卡率竟然可以這麼高？他說卽使你一個個地催，人家也未必願意繳。沒錯，只是他沒有注意到的一點是這裡面百分之九十五的人都是我的讀者，其中百分之六十的人都是我書籍的鐵粉。

我的文字曾經進入過他們的生命，曾經在很長一段時間裡陪伴過他們，這種能量絕對不是靠發發微信朋友圈、發幾張炫耀自己的照片就可以換來的。很多讀者都是好幾年前讀過我的書，現在才找到我的，我們彷彿隔著時光相遇了。

你看，我就是一朵小花，雖然香氣還不夠逼人，但是已經吸引了一小部分蝴蝶，我會繼續全力以赴地盛開，把香氣傳得更遠。

我希望每個人都是一朵花，生動地開放，絕不是微信朋友圈的一條條「付款」截圖，也不是一條條複製的所謂「勾人」文案。那不是在做一朵花，而是在把自己變成泥濘不堪的沼澤，你卻毫無察覺。

我希望你這朵花，有屬於自己的名字。你是玫瑰，是薔薇，是向日葵，是滿天星……都好，但你必須要有自己的名字，只有擁有自己獨特的身分標識、功能標識，別人才會認識你，才會喜歡你，向日葵會吸引喜歡向日葵的人，喜歡玫瑰的人可能不喜歡薔薇。

我希望你這朵花，無私地奉獻自己。沒有一朵花計較自己的香氣，香氣隨風飄散，願意去哪裡就去哪裡，都不能妨礙花兒在陽光下全力以赴地盛開。你只管盛開，別計較香氣。

我希望你這朵花，只和自己比，不和其他花朵爭奇鬥豔。每朵花都有自己的特色，沒辦法比，也不需要比，你只能吸引喜歡你的人，也只能開好屬於自己的領地。你擁有屬於自己的美，其他的花朵再好看，也不及。

我希望你成為一朵花，因為在這個時代，「我自盛開，蝴蝶自來」是真正的酷，也是真正地長久之道。

Hey

不想和朋友走散的女孩

那天我收到你的訊息，寫了有上千字吧，歸納起來只有一個主題：如何面對失去？我很高興問這個問題的你和我是差不多的年齡，因為到了我們這個年齡，追問「失去」才能真正抵達「失去」的本質。

你說你用心培養了五年的下屬，因為別人答應給他更高的薪水，轉頭就走了，沒有留一點緩和的餘地。你覺得自己這麼多年的培養付諸東流，而我和你一樣，我也曾經用三四年的時間，想把一兩個人從「泥潭」中拔出來，沒曾想這兩個人反咬一口，給我帶來了無盡的麻煩。

對於「失去」，我覺得我們必須相信的一點是：我們失去的一定是不屬於我們的東西；屬於我們的，永遠都不會失去。

　　你的下屬和我的那兩個朋友，都是不屬於我們的，他們和我們只是在千萬個走在街道上的普通人，碰巧度過了一段時光而已。自始至終，他們和我們都不是一類人。所以，對於這些人的離開，我們應該是開心的，剔除掉一些人，你才有空間容納更多的人。

　　不僅僅是朋友，包括金錢也是一樣的。我一個朋友去年賠掉了六百多萬元，我們都以為他會過不去這個坎，畢竟這兩年生意那麼難做。但是兩個月後，他又滿腔熱忱地衝進了創業的浪潮，還時不時地告訴我們：「我一年賺了一千多萬元，當時總覺得這些錢不該屬於我，怎麼突然就掉到我身上了呢？現在又賠出去了，把不該屬於我的東西送出去了，終於鬆口氣了。」

　　這也就是我一點也不豔羨別人的原因。終其一生，我們只能得到屬於我們的東西，有些不屬於我們的東西只是暫存在這裡而已。所以好東西會離開，壞東西也會離開，不必因為有些不好的東西寄存在我們這裡就痛苦不已，它早晚會走的。

　　關於失去，我想和你交流的第二點是：生命就是一個不斷碰撞的過程。你要允許別人去碰撞新的東西，而你也有機會去獲得新的碰撞。

　　某知名經紀人捧出了多個一線明星，但因為各種情況，很多明星幾年之後就離開了，或自立門戶，或加入其他經紀團隊。記者問該經紀人：「你難過嗎？這些人名氣大了，就和你解約了，

有一種給別人做嫁衣的感覺。」她很有智慧地回答：「我認為生命就是不斷碰撞的過程，他們要去和其他團隊、其他領域碰撞，無論碰撞出了什麼，對他們都是有幫助的；而我也可以有空間來接受新的藝人了，也許可以和新藝人碰撞出不一樣的火花。」

她是一個通透的人。生命是一汪活水，可以是海洋，也可以是溪流，但一定是流動的。很多時候，我們不由自主地把它弄成一個湖泊、一片沼澤、一潭死水，彷彿它是「死」的，我們就可以為所欲為。如果你用死水的心態去處理任何關係，關係一定是「死」的。

所以，親愛的，當你精心培養的下屬，不管因為任何你不能接受的原因要去其他公司的時候，別懷疑自己的付出，也別評價這個人的人品，而是祝福他，祝福他和新的環境產生出新的碰撞。「碰撞」不一定都會產生火花，有可能頭破血流，但沒關係，只要是碰撞，就是「活」的，就有新的生命力。

迎來送往，本質上沒有誰必須長時間屬於誰。你可以想像自己就是一條河流，流經一個地方的時候，有人進來洗洗手；流經下一個地方的時候，有人過來游游泳；又流經下一個地方的時候，有人填了一些土。沒關係的，你繼續往前奔流就好了。

Hey

不允許別人不快樂的女孩

那天隨意地和你聊起來，你歎息一聲說：「我是個樂觀開朗的人，最見不得別人哭喪著臉。我知道生活不易，但不快樂是一天，快樂也是一天，爲什麼不調整自己的心情，一直快樂下去呢？」

作爲一個對生命、對生活無比熱愛的人，作爲一個無論經歷多少磨難，第二天都能繼續鬥志昂揚的人，我非常贊同你的生活觀念，但是我也希望你能換位思考：有的人出於各種原因，比如性格缺陷、家庭環境、各種壓力等，眞的沒辦法保持快樂的心態，所以你也要允許別人不快樂。

爲什麼有人會覺得不快樂是不被允許的呢？

前段時間，表弟跟我講了這麼一件事。他的媽媽每天都給他念叨新家裝修需要什麼東西，要到哪裡

買，並且給他繪製了一個詳細的表格，監督他完成每天要做的事。表弟工作很忙，沒有時間也沒有精力去管這些事，只好直截了當地對媽媽說：「我太忙了，以後再說吧。」

你猜，他的媽媽是怎麼回覆的？她說：「你怎麼不高興了？」

這句話，讓表弟再也不想和媽媽溝通了。事實問題突然就轉向了情緒問題，讓人措手不及，表弟問我：「我不高興了，不行嗎？我還不能不高興嗎？」

是啊，我們還不能不高興嗎？所有人都希望我們快樂，卻忘記了悲傷、難過、不開心也是我們的權利。爲什麼所有人都要開開心心的，爲什麼所有人都要對生命充滿熱情？爲什麼不開心就要被特別對待呢？

我經常會不開心，所以很早就和男朋友達成了一致——我不開心時就離我遠遠的，給我一點時間，我自己就好了。我特別擔心他關切地問我：「你爲什麼不開心啊？我是不是惹到你了？你要是不說出來，不開心的源頭還是解決不了啊？」我不要這樣的關心，不開心就是不開心，有時沒有什麼原則問題，只是想一個人待一會兒而已。

有時候，我媽也經常會因爲弟弟一臉的不開心變得謹小愼微，然後問我：「他爲什麼不高興啊？」首先，我怎麼知道他爲什麼不高興；其次，他不高興，不是再正常不過的嗎？生活那麼

難，每個人都做出高興的樣子來，不是更嚇人嗎？

別人不高興的時候，你其實不必做什麼，就當沒什麼事情發生一樣，日子照過，生活繼續，一切也就都過去了。

你要允許別人不高興、不快樂，只有這樣，你才能真正接納自己的不高興、不快樂。你對別人的要求，其實是內心的映射。你在要求別人必須快樂的時候，悲傷時會更悲傷，難過時會更難過。

不快樂的時候，就安靜地待一段時間，天不會塌，地也不會陷，反而會讓亢奮的人生有所起伏，不那麼累，輕鬆一點。

Hey

被謠言擊中的女孩

那天你跟我講了一個「笑話」，現在想起來我都想笑，太滑稽了。

那天，你說因為一個你熟識的女孩整天在微信朋友圈裡發一些帶有矯情、炫耀意味的動態，你看不下去了，就把她拉入黑名單了。本來這是一件很小的事，但三四年之後，突然有個朋友告訴你，那個女孩對他講，你之所以拉她入黑名單是因為喜歡她，向她告白，她沒有答應，你接受不了就拉入黑名單了。

你可能永遠記得朋友小心翼翼地問你：「你喜歡女孩？」而得知真相的那一瞬間，你的腦海中出現無數個問號。

你說這件事的時候，我真的覺得太荒誕了。但是面前的你是無比生氣的——怎麼可以隨意捏造事實，

而且還是毀壞別人名譽的事情。

說到這裡，我突然想到大學室友跟我講過的一件事。她讀高中的時候，因為生病做手術請了一個多月的假，再回到學校時，同學們都用異樣的眼光看她，後來才得知，有人說她是墮胎去了。

一個同事向我吐槽過一件更荒誕的事：我同事單身，但是她的前同事卻在之前的公司散布謠言：「她離婚了，而且還有一個孩子，她只是看起來像個小姑娘而已……」

所以我聽了你的事情之後，並沒有像以前那樣生氣，不是不想生氣，而是覺得不值得生氣。我知道這句話說得輕飄飄的，一旦發生在自己身上，我也會痛苦不已。

不知道你之前是否看過一則新聞，一個女孩在普通的日子去小區旁邊的快遞站取一個很普通的快遞，就像我們每天都會做的事情一樣。但很不幸，兩個無聊的男人為了尋求刺激，就找了各種角度拍照，透過造謠的方式，在小區群裡開始傳播：這個女孩和快遞站的快遞員發生了不正當的關係。

接著，謠言席捲而來，女孩因此得了抑鬱症，開始尋求法律的援助。後來，她幾乎每天都在打官司的路上，家裡被攪得雞犬不寧，連工作也丟掉了。僅僅幾句謠言，卻完全改變了這個女孩的一生。

前段時間我去了解這則新聞的進展，發現還沒有最後判決，

這個女孩的痛苦可想而知。如果我是她的朋友，我沒有任何辦法幫助她，勸說她不要放在心上是不可能的，畢竟關係到她的名聲。可是，在這種極端的情況下，怎麼辦呢？

原諒我對你安慰的無能，我認為最好的方式就是：在內心無比堅定，自己的事情和任何人都沒有關係。我們無法阻止別人對我們的攻擊，看看很多平臺下面的留言就會知道有些網友的戾氣有多重了，我們唯一能做的就是努力保持內心的平衡。

遇到事情，坦率地作一次聲明，剩下的生活，該怎麼過還怎麼過。不必在意別人怎麼說，你要相信多數人有明辨是非的能力，會堅定地相信你。

我也遇到過很多關於我的啼笑皆非的謠言，我甚至都知道造謠者是誰，但懶得去搭理，因為對方不值得我花費時間。在不值得的人身上花費時間，就是對自己的懲罰。

同時，我也奉勸那些造謠者：這個世界上的能量永遠是守恆的，你在私下裡做了多少骯髒的事情，說了多少骯髒的謠言，你在生活中就會遇到多少，一個都逃不掉。而且總有一天，你也會成為謠言的當事人，或早或晚，或大或小。

口舌之惡，為人家所惡，保持理智，才是一個正常的人。

不被惡人束縛，才是一個活得自由的人。

Hey

想做自由工作者的女孩

　　你說，你很羨慕我每天都過著只工作、不上班的生活。我歎口氣說，職場人覺得自由工作者好，自由工作者覺得職場人好。

　　我有過四年的職場經歷，後來終於決定辭掉光鮮亮麗的工作，無外乎兩個原因：一個是情緒損耗太嚴重；一個是無意義感太嚴重。你應該能感同身受吧？

　　情緒損耗嚴重，主要是個人原因。我是一個做什麼事情都特別認真的人，如果合作夥伴馬馬虎虎地完成了一件事，我就會憤怒不已。記得有一次，我被同事的懶惰、拖延氣哭了，跑去找創辦人訴苦，創辦人問了我一句：「至於哭嗎？沒事的。」不，在我這裡，很至於。

　　我知道這樣的習慣會讓自己特別痛苦。在別人眼裡，

工作嘛，就是一份打工的收入，何必這麼認眞和較眞？但常年養成的習慣，我改不掉，也不是必須要改的問題，就一直保持著。慢慢地，累積越多，我的確開始不對外憤怒了，但當我不憤怒、成爲「溫水裡的靑蛙」的時候，我反而嚇了一跳，無論怎樣，都得離開。

第二個原因就是無意義感。四年的職場經歷，主要有兩份工作：一份是媒體工作，我每天接觸不同的人、遇到不同的事情，都是新挑戰，都有意義感；另一份工作對我而言，離開的原因就是感受不到自己的價值。創辦人對我很好，我的工作也做得很棒，但內心就是空洞洞的，時間久了，就失去了對工作的熱情。

我想你肯定聽到過很多「過來人」對你說，你要在沒有意義的工作中尋找意義感。不，有些工作對你而言就是沒有意義的，怎麼都找不到意義。

職位的待遇啊，同事關係啊，通勤的時長啊，公司的發展前景啊，其實都是可以解決的，因爲它們都不是本質的問題。要麼是情緒損耗，要麼是無意義感，這兩個原因會讓人離開得很徹底。

的確，選擇一個你喜歡的自由職業，很大程度上會把這兩個問題解決掉，但是又會迎來新的問題。你問我是否能夠給你一些建議：如何才能從一個職場人變成自由工作者？那我就簡單地和你說說自己的一些感受吧。

1. 如果三年後想要做自由工作者，那麼你從現在開始就得準備那個可以養活自己的技能。一個技能的學習，眞的沒有那麼快，

而且是在你邊工作邊學習的狀態下。提前三年做準備，你以後才能養活自己。

2. 你得有支撐自己至少一年沒有收入的經濟基礎。自由職業的第一年，很多人都賺不到錢，因為狀態、路徑和在職場裡完全不一樣。自由職業在有經濟基礎的前提下，才會真正發酵，才有長遠的價值。

3. 你得是一個極度自律的人。無自律，就別妄想做自由職業。自律就是最大的自由。如果你在職場上都是極不自律的人，不管你有多大的野心，也奉勸你不要創業。

4. 如果必須有一種能力的話，就是很強的學習能力。在職場上很多訊息的獲取可以是被動的，但是自由職業不一樣，你得有主動學習的能力，甚至是快速學習的能力。沒有人教你了，沒有人帶你了，也沒有人影響你了，你不自我成長，就只能原地踏步。

我做了自由職業之後，反而很羨慕上班的人，即使「摸魚」也可以按時拿到薪資，但同時我也深知：這種羨慕只是片刻的。自由職業是高風險與高收益並存的，你能否實踐長期主義，能否成為抗風險能力很高的人，從你步入職場之後就漸顯端倪了。

如果非得讓我給你一個建議，我不太建議你做自由工作者。上面我說的四則基本感受裡，你至少有三則是做不到的。

那就不要為難自己，本本分分做個打工人也可以很舒服，只要不讓自己整天陷入「我要不要做自由職業」的糾結中。

Hey

心煩意亂但想做大事的女孩

那天，我們聊起現在某短影片平臺上的寶媽都非常厲害，一邊做全職媽媽，一邊把直播做得風生水起。你問我，那些是不是都是假的？

肯定不全是假的，但為了回答你這個問題，我還真和幾位全職媽媽聊了聊。

就拿其中的一位來說吧。這位全職媽媽非常優秀、幹練，研究生畢業就在某知名財經媒體工作，後來去了某集團的宣傳部，兩年多後就懷孕了。家裡老人不能照顧孩子，老公還在北京工作，於是她果斷辭職，做起了全職媽媽。

她說，做全職媽媽的前一兩年，簡直就是「人間地獄」。倒不是說有多麼辛苦，而是她這麼優秀的職業女性突然失去了職業帶來的價值感，那種「彷彿從

天上掉到地上」的感覺讓她幾乎每天都在懷疑自己辭職的選擇是否正確。用她的話來說，那兩年她除了待在孩子身邊，其他什麼事都做不了，只有無盡的焦慮。

到了第三年，她漸漸地感覺對焦慮這件事脫敏了，有時候甚至是懶得焦慮。她想：「我都焦慮三年了，也沒有讓生活變得更好或者更差，焦慮其實沒什麼用，索性就這樣過日子吧，明天要發生的事情就交給明天吧。」

後來，有朋友建議她做短影片，她就開始有一搭沒一搭地做著。有一天，她發布的一部短影片突然火了，這給了她極大的信心，於是開始經營社群、賣兒童用品，雖然賺得不多，但很有成就感。

我問她：「你覺得為什麼你去年才做短影片，僅僅是因為朋友拉你做嗎？」她想了很久，說了一個讓我很有共鳴的答案，她說：「因為我對『全職媽媽』的身分不焦慮了，心安了，我才有能力去做短影片。如果朋友在兩年前拉我，那個時候是短影片最火的時候，但是我可能做得不如現在好，甚至根本不會做這件事。」

她說得很誠懇，我也特別懂她的意思。如果你身上有好幾個角色，得至少有一兩個角色是確定的時候，你才會有心力去做好其他身分。

我是三十歲那年決定創業的，但也只有三十歲的這一年，才

有條件創業。二十八歲時，我不會創業，因為情感是我的重心，剛剛交男朋友，情感不太穩定，需要花時間和精力投入其中；二十九歲時，我也不會創業，因為剛到新創公司感受創業到底是什麼樣的，還沒學習呢，何況是自己來做。

而到了三十歲，情感生活經歷了兩年的磨合已經非常穩固，這給了我很大的力量。我見過的優秀的女性企業家，要麼是家庭生活非常幸福的，所謂「後院」穩定，才不會突然著火；要麼是沒結婚或者離婚的，因為不用擔心情感生活是否會突然掀起一陣風浪，讓自己焦頭爛額。

最怕的就是擁有一段糾纏的關係，「纏」得你什麼事情都做不了。所以，「穩定感」對每個人來說都是特別重要的。很多人可能會覺得我挺折騰的，應該不喜歡「穩定感」這種狀態。不，我喜歡。我認為「穩定感」和「折騰」是相輔相成的，必須有一方的穩定，才有一方的折騰。你看到我在事業上的折騰，沒有看到我在各種關係上的穩定，無論是愛情還是友情，抑或長期的合作關係。

人在心定的時候，才容易成事。

若說我對你有什麼建議的話，就是把你的家庭關係處理好，多花點時間，這樣你才有精力來拚搏事業，也才會有精力來做自己呀。

Hey

出身農村的女孩

昨晚收到一封上千字的信，很感動，你能夠把你對成長的疑惑這麼清晰地、認眞地梳理出來，說明你對自己的人生很負責任，我也想報之以眞心。你提出的大部分問題，主要圍繞一點：農村女孩的出路在哪裡？尤其像你一樣，有著沉重的家庭負擔的女孩，到底怎樣才能實現自己的價值。

我也是農村出生的，一路走來，的確感到和出生在城市的人有很大的區別。但是這個區別，和「你喜歡讀書，另外一些人不喜歡讀書」，或者「你生活在北方，另外一些人生活在南方」是一樣的，並不是敵對的，不用過分強調，也不用過分被羈絆。

在這個基礎上，我和你分享九項經驗，不一定完全正確，但這是我在摸爬滾打中總結的人生經驗。

一、一定要去大城市工作三年以上，如果有可能的話，最好去一線城市。

是的，我很刻意地強調了「一線城市」和「三年」，一個是空間，一個是時間。

無論你在一線城市做什麼，它帶給你的興奮、希望和壓力都會成為你生命中的影響因子。我有一個姐姐在北京某大學裡做了幾年的食堂「阿姨」，懷孕之後留在老家生活，她對事情的看法以及對新事物的接受程度，和當地很多人就都不一樣，更不要說你在一線城市做的還是更具有挑戰性的事情了。你可以試試你的機會、能力的界線在哪裡，即使嘗試之後再回老家，也是不錯的方式。

三年，是我認為理解一個事物的正常週期。少於這個時間，就沒有接觸到它的核心；多於這個時間，當然更好，但有時候也沒必要。

我在杭州生活過兩年，在上海生活了半年多，很難說我對這兩個城市有多麼了解。前段時間我到上海出差，竟然忘記了楊浦區在上海的什麼位置。而轉眼，我在北京已經生活了三年，每一年都對這個城市有新的了解、喜愛或者厭倦，也正是在這個節點上，我才知道北京對我真正意味著什麼。

二、晚婚並非不光彩的事。

我們這一代的父母對結婚還是有種「任務式」的情結，認為只有孩子結了婚，生了孩子，他們才在某種程度上完成了「任務」。這種觀念雖然在逐漸消弭，但我們這一代人還是會被影響到，包括我。父母已經盡最大努力在克制，還是會在不經意間流露出那種對完成「任務」的渴望。

而我們有時候需要「對抗」。假如你遇到一個喜歡的男孩子，一定很想和他早點結婚，但容我說句不合時宜的話，你可以晚點，別那麼著急。談戀愛是兩個人的私密關係，但是婚姻就是兩個人的社會性事務，你會被某些東西捆綁。我希望你能給自己多幾年的時間，去看更大的世界，去經歷更多想經歷的，而不必「當我想經歷的時候，有新的負擔在牽絆著我」。

三、好好讀書，好好考試學習。

這句話真不是一個很直爽的女生說出來的，但每個字都是我的血淚教訓。我不認為考大學、考研究所、考博士班還是唯一獲得優質生活的選擇，但它可能是你最容易，也是最快的方式。

好好考學，即使你畢業之後，從事和專業完全無關的工作也沒關係，你看到的世界，你周圍的同學，會成為你的資源。我現在對創業很有感觸，那些知名大學畢業的學生和我們相比，很容易拿到投資，很容易講好故事，也很容易組建團隊。

學習和考學，眞的是現階段最公平的事情了，一旦錯過，未來的路就可能會經歷更多的坎坷。

四、忘記自己是個農村人。

你在給我的信中，寫了二十多個「農村女孩」。寫一次就夠了，不要重複，當你重複的時候，你就在給你的潛意識做植入，它會烙印得更深。你不說，沒有人知道；你不說，也不會有人關心；你不說，自己也就漸漸地注意不到了。

就像我經常給一個在英國留學的閨蜜說：「忘記你是個海歸，你的職場生活會更順遂。」你也一樣，忘記你是個農村出身的人。是不是農村出身的，在你具體的工作過程中沒有任何關係，不會有人因爲你是農村出身的就不把這個工作給你；也不會有人因爲你是農村出身的就覺得你沒有責任感。

在我看來，除了在身分證、社會保險以及結婚的時候會有所區別，在其他領域，它可以完全不存在。

五、在不知道要什麼的時候，努力賺錢。

這句話是說給所有女孩聽的。如果你不知道自己熱愛的是什麼，找不到自己喜歡做的事情，不要整天糾結，唯一需要做的就是努力賺錢，在畢業後的幾年內，擁有一份屬於自己的小資產。

有一句很世俗的話：詩和遠方都是需要盤纏的。我們想要去看更大的世界，經歷更豐富的人生都需要錢。很多時候，有了錢，

你也就不會爲「我是農村出身的」所困擾。

當你往這個方向去努力的時候就會發現，比「我是農村人」更讓你難過的是「我賺不到錢」。意識到錢很難賺，從而盡快補充技能，盡早獲得養活自己的能力，才是一個正向的循環。

六、提高自己的審美能力，在能力範圍內變得好看。

很多女孩之所以看起來很「土」，不是因爲長得不好看，也不是她們不想打扮，而是審美能力差，可能花了很多錢依然找不到適合自己的風格。對於女孩而言，這是很大的機會，只要我們稍微在這個方面努力一下，就會有一種「逆襲」的感覺。穿適合自己的衣服，畫適合自己的妝，擁有自己滿意的身材，舒服的外表會讓你的自信值翻倍。

我之所以提出這個建議，就是因爲很多女孩的不自信不是內在的自卑，僅僅只是外在的「不好看」，還有些人認爲好看是用錢堆出來的。

跟你講一個我的小故事。在我稍微有了購買奢侈品的財力之後，很自然地學著別人的樣子買了幾件奢侈品，穿上之後，不但自己覺得彆扭，還會有朋友偷偷問我：「你這個是正品嗎？有代購嗎？給我介紹一下。」總之，我雖然穿上了奢侈品，但誰看誰覺得不是正品。

不是選擇奢侈品不好，而是我的風格和某些奢侈品是完全不

搭的，很多大 logo 放在身上，怎麼看怎麼彆扭。穿網路上買的幾十塊錢的衣服，反而會被朋友誇讚。

「美」這件事特別公平，用錢都很難堆出來，期待你審美能力過線，自信地美起來。

七、踏實、忍耐也許會是你的核心競爭力。

我身邊農村出身的女孩都有什麼共通點呢？我發現，她們都有一種很踏實的忍耐力。這個人拚不拚我不知道，但就是特別能忍，骨子裡很硬氣。

我覺得這和農村的氣質是相符的。祖祖輩輩下田種地，只有勤懇、踏實、忍耐才可以種出好的莊稼，一代代下來，這種特質也許就融進了我們的血液裡。

所以未來你和各種各樣的人比拚的時候，什麼都可以忘記，什麼都可以不會，但必須做到踏實、忍耐，這是「農村」給你的滋養。在你一無所有的時候，憑藉它可以很好地活下去。

我在寫作上沒有什麼天賦，但就是比很多人能忍，能腳踏實地、一天天地寫。你看，我可以混口飯吃，養活自己，你也一樣。

八、別和父母較勁，如果無法交流，就遠離。

這句話說出來，可能會招很多人罵，但這是我眼睜睜地看著身邊的人進入「死循環」的現實後總結的。如果你的父母因為各

種原因蠻不講理、無法溝通，和這個時代脫節，不要和他們較勁，不要把很多的時間和精力放在說服他們上。

他們也沒有想要為難你，只是社會環境、生活經歷和自己當下的狀態使他們只能這樣和你交流，甚至意識不到這是有問題的。沒關係，無法交流，就遠離，去離家稍微遠些的城市生活，減少交流的頻率。

這不是不「孝」，這是你對彼此的尊重。你覺得他們在為難你，而你努力說服的樣子也在為難他們。「遠離」和「減少頻率」不等於不孝，而是合適的相處方式。

當你不和這件事作對的時候，它反而會容易得多。

九、好好賺錢，努力變得優秀之後，不要忘記你有一個選擇，就是：隨時回到農村。

我們一直想逃離的地方，有一天，我們會無比想要回去。如果你到了這個階段，請你大方地選擇回去。你會很感恩，還可以回得去。

希望你早點讀懂這些經驗之談。

Hey

優秀且自律的女孩

前兩天你問了我一個問題：「蓑依，你的生活條件已經很不錯了，雖然不是大富大貴，但也有名有利了，為什麼還要這麼拚呢？」

你說自從買了房子和車子之後，自己就很難有再努力一下的動力了，覺得平平淡淡的生活也很好。

親愛的，是的，平平淡淡的生活真的很好，但你要明白，一邊過著平平淡淡的生活，一邊又不滿足現狀，就會非常彆扭。

我試圖回答你的問題，除了熱愛之外，還有一個很重要的原因，我想在陽光燦爛的日子裡修理屋頂，下雨時，就不會漏雨了。

知名品牌諮詢公司「華與華」的董事長華杉先生

講了一個觀念，他說：「華與華每年都會投放廣告，而且還會一直往上加量，從來不關心轉化率，只管每年按比例花這麼多的錢。但是其他公司呢，當時為了省錢，該投放的時候不投放，等到需要品牌建立知名度了，又指望『燒錢』來獲得成功。這樣的結果就是：華與華雖然每年都加量投錢，花的錢也比那些競爭對手想馬上翻身投放的錢少。」

這個觀念對我的衝擊還是挺大的：每年按比例花錢，竟然比一下子花錢花得少。更重要的是，每年投放所建立起來的品牌形象，比一下子花錢不知道要有效多少倍。其實，這就是「在陽光燦爛的日子裡修屋頂」的思維。太多的品牌覺得自己沒有市場風險，就減少了廣告投放，結果就是品牌遭遇「暴雨」時，到處漏雨，遮都遮不住。

不但企業、品牌如此，人也是如此。這個評判標準就是：是不是在自己最好的、被眾星捧月的階段給自己補上一點東西。

二〇二〇年除夕的晚上，我正在老家過年，突然聽到消防車的聲音，原來是親戚家的一個鴨棚著火了。鴨棚裡有一萬多隻小鴨子苗，加上大棚的原料費用，一把火燒掉了十幾萬元。對於一個養鴨子的農民來說，這簡直是血本無歸。

你知道這個損失是怎麼造成的嗎？就是因為他家的煤球爐子旁邊的遮擋木板老化了，沒有及時進行更換。平時總覺得沒什麼

事，然而除夕這一天，一把火就燒了整個鴨棚。

　　眞是令人不勝唏噓，老家人都用「這都是命」來定義這件事。換掉一塊老化的木板，一分錢都不用花，因爲家裡有的是這種沒用的板子，但那位親戚就是覺得不用管，晴天嘛，專注享受陽光就好了。

　　我用這個故事告訴你：我在最好的階段也要無比努力，就是因爲晴天的時候，才有力氣修屋頂。當雨天來臨時，你根本無法站上屋頂好好和泥。更何況，人生晴天的日子眞沒那麼多，大多數都是陰天，指不定雨天什麼時候就來了，所以陽光明媚的日子，要在陽光下起舞，要喝下午茶和朋友碰杯，要畫最好看的妝，但同時，去和那些被你不小心傷害的人道歉，去對未來做一個可執行的規劃，去沉潛、深思吧。爲明天多做一點伏筆很有必要。

　　別忘了，你在晴天做的事，更容易被人接受，也更容易被人原諒。

第四章

成長是在孤獨裡玩得最好的遊戲

Hey
孤獨成長的女孩

二〇一九年，我出版了一本書——《要麼庸俗，要麼孤獨》。

這本書的書名是我的編輯崔悅姐起的，她說會暢銷，我也沒有多想，就用了這個書名。其實我當時對這個書名是沒有感受的，只知道它是哲學家叔本華的一句名言。直到二〇二〇年年末，我才對這句話有了真切的理解。

二〇二〇年年底，一直縈繞在我腦海中的一句話就是：「所有的成長都是孤獨的。」這似乎是個老掉牙的說法，無數的人談過成長，無數的人也談過孤獨，但總是聽過很多道理，在一瞬間才知道這個道理是說給自己聽的。

二○二○年年底，我以每三天讀四本書的速度來緩解一年的知識飢渴感，每天復盤、思考和寫作。晚上睡不著的時候，我就回憶過去一年哪些事情做對了，爲什麼做對；哪些事情做錯了，爲什麼會做錯。當我這麼一天天堅持下去的時候，我感到自己的成長是飛快的，同時，我也意識到這種成長是不可言說的，是屬於你一個人的，是孤獨的。

怎麼說呢？告訴別人我的閱讀書單嗎？書單本質上是無用的，眞正讓一個人成長的是一本書中幾次叩動心扉的時刻，那種妙不可言、那種渾身酥麻、那種想要和作者碰杯的感受……無論用什麼詞語都形容不當。

前段時間，我又拿出稻盛和夫的書看，每讀一句，驗證人生的厚度就又增長了幾分，可是這種感覺怎麼給別人說呢？說不出來，甚至你自己都不清楚那頓悟的感受是什麼，是喜悅，是感恩，是智慧？好像都是，又好像都不是。

毛姆在《月亮與六便士》裡說：「我們每個人在世界上都是孤獨的。每個人都被囚禁在一座鐵塔裡，只能靠一些符號同別人傳達自己的思想，而這些符號並沒有共同的價值，因此它們的意義是模糊的、不確定的。」眞想請毛姆喝杯酒，他說出了孤獨的本質：符號並沒有共同的價值，本質上人和人之間無法達成眞正的理解，所以一定是孤獨的。

當我把這篇文字寫下來的時候，只是在陳述我所堅信的事實，沒有任何顧影自憐般的矯情。孤獨不需要可憐，不需要對抗，不需要溫暖的擁抱，它就是事實本身而已，就像接受一年會有四季，每天都有日出日落一樣，接受這個事實就好了。

我想，人接受孤獨這個事實，除了人類本質上依靠符號無法溝通之外，還有一個很重要的原因，借用布考斯基的話來說，「我不以孤獨為榮，但我以此為生」。

不得不承認，我就是以孤獨為生的人。如果沒有孤獨，我會非常虛弱。

每逢過年，按照老家的習俗，都會宴請賓客，禮尚往來，每天都沉浸在家長裡短的嬉笑怒罵之中，比我看十本書都累。每次送走客人，我都關上門在自己的房間待幾小時，即便什麼都不想，什麼都不做，都覺得舒服、妥帖。

我是一個很開朗的人，見過我的人都說我的表達能力特別強，但外向並不等於和孤獨不搭邊。我偶爾會覺得自己在孤獨中才擁有了和外界交流的力氣，它是我的道場，我在裡面修行，休養生息。

張嘉佳說：「孤獨是全世界，是所有人，是一切歷史，是你終將學會的相處方式。」對，本質上它也是一種技巧，當你孤獨地生活時，也就擁有了最舒服的姿態。

　　也就是在這個時候，我深刻地領悟了「要麼庸俗，要麼孤獨」的眞正涵義。我特別排斥二分法，在我看來，任何事情都有中間地帶，並不是只有「對」和「錯」，但是「要麼庸俗，要麼孤獨」是沒問題的。因爲「庸俗」和「孤獨」不是單個的，而是一片寬廣的領域，彷彿陸地和海洋，你選擇何種生活，是你的問題，沒有好壞之分。但只要簽署了這份協議，你就得體面地完成。

　　在《夏目友人帳》中有一句臺詞：「我必須承認，生命中大部分時光是屬於孤獨的，努力成長是在孤獨裡可以進行的最好的遊戲。」祝願你，在這個遊戲裡玩得開心。

Hey

彆扭的女孩

我們聊天時問起你現在在做什麼，很驚訝呢，你竟然成了一名脫口秀演員！兩年前見你的時候，你還想要成為一名西班牙語的翻譯。不知道在這個過程中你經歷了什麼，但脫口秀演員還是滿適合你的，很為你開心。但你問我：「蓑依姐，我發現我越來越彆扭，怎麼辦呢？甚至這已經成為我說脫口秀的巨大障礙了。」

好吧，我們一起來聊聊「彆扭」這件事。如果去網路上搜一搜，你就會看到「你努力得不徹底，所以活得很彆扭」、「活得太彆扭，是因為你見的世面不夠」、「你玻璃心，所以彆扭」……但這些話在我看來，都不值一提。

我也是一個彆扭的人。那我是怎麼對待彆扭的

呢？像我對待很多難以解決的問題一樣，我全然接受它。彆扭就彆扭唄，與其花力氣去對抗，不如想想如何最大化地利用它。你是脫口秀演員，我是寫作者。我們倆都屬於創作者，我偷偷告訴你一個心得：彆扭會激發創作欲。不信你可以試試。

話說回來，一個人為什麼會彆扭呢？肯定是兩股繩子擰在一起了唄。那這兩股繩是什麼呢？分享一下我的思考。

我覺得第一股繩，是對內的——我們給自己設置了太多的框架。最近我在看綜藝節目《送一百位女孩回家》，每一集都讓我思考了很多，有空你也可以看看。

其中有一集是，主持人去採訪某位女明星的時候，摩拳擦掌，特別想要問：「你成名之前和成名之後有什麼變化？你現在還有什麼煩惱的事情嗎？」他對這種大多數人都會遇到的一些狀態很感興趣。但是，他在這位女明星這裡碰壁了，對方告訴他：「我現在這麼有名氣了，我有什麼可煩惱的？如果說必須有煩惱，那就是我吃點東西就胖。」主持人很洩氣地繼續問：「那你有什麼夢想嗎？」對方直率地說：「我的夢想就是變成易瘦體質。」

主持人覺得總是沒有聊得那麼深入，非常苦惱，所以在接下來的訪問中，他一直在試圖說服對方不要說場面上的話，而要說真話，對方終於忍不住發火了：「為什麼我說的每句話都是真話，

而你卻覺得我說的是面對鏡頭的場面話？」

你看，主持人像不像我們倆。也不知道是太聰明，還是太笨，總能在某件事情發生之前下意識地製造某種預設，一旦這種預設沒實現，就陷入自我彆扭、自我糾結的處境中。你也是呀！你還記得那次你去參加某綜藝節目的錄製嗎？你的預設就是我必須得好笑，要做翻譯領域最好笑的女生。到了現場才發現，你是裡面最不好笑的，你應該是知識分享類型的。爲此你彆扭了很久，懷疑自己到底該走那條路。你看，這正是因爲你給自己設置了太多的框架。

我很喜歡「輕裝上路」這個詞，「輕裝」裡面一定有一層意思是：不帶預設，直接向前，遇山開山，遇水搭橋。

另一股繩呢？和它相對的，是對外的——我們還是免不了受到外界的影響，而且越是彆扭的人，越在乎外界的評價。事實上，很多評價除了讓自己難受之外，沒有任何作用。

去年，有一個人觸碰到了我的底線，我一忍再忍，忍了好幾個月，最終還是選擇了以最直接的方式結束。在那幾個月裡，我非常彆扭：要對得起自己的良心，還是要破除外界對我的不公平的評價？因爲太擔心外界對我產生不公平的評價，我忍了他幾個月，但是當我放棄之後，卻發現：其實根本就不會有人關心這件事，就算很多人了解了，支持我的依然會支持我，而那些不支持

我的人，也並不會因為這件事就支持。

我經常想，我們究竟要吃多少苦，吃多少虧，才能真正把「我自己的事情和任何人無關」這句話刻在心裡。甚至有時候我會覺得：還是我們吃的苦、吃的虧太少，以至於總把「別人」當回事。只有真正經歷過那種絕望的處境，心才會記得「你應該任何時候都站在自己這一邊」吧。

無論對內不給自己設置太多框架，還是對外不在乎別人的評價，都很難在短時間內做到，有的人甚至一生都很難做到。既然如此，生活已經很累了，就不要再給自己貼上「彆扭」的標籤了。

我很喜歡的心理學家海靈格說：「受苦比解決問題來得容易，承受不幸比享受幸福來得簡單。」我覺得這是對的，所以我不再給自己貼「彆扭」的標籤，讓自己受苦，讓自己承受不幸。我把這些時間省下來，去做那些解決問題和享受幸福的事情，何樂而不為呢？

希望聰明的你也能這樣。

你和「彆扭」這個詞很不搭，扔掉它吧。

Hey

想要迅速晉升的女孩

那天你問我：「爲什麼你敢在工作四年之後就辭職去創業？」我回答說：「在這個階段，我想在職場中學到的基本都學到了，所以出來試試。」你很羨慕地說：「我工作快五年了，但感覺也沒什麼長進，你有什麼祕訣和方法嗎？」

我仔細回憶了一下，在職場四年，主要做了兩份工作：一份是電視節目導演，作爲從來沒有接觸過電視的人，用兩年半的時間，成爲國民現象級節目的主編；另一份是在企業家商學院擔任內容負責人，工作了一年。

相比較考研究所與考博士班，我的職場之路異常順暢，無論是薪資收入、職位晉升，還是自己所感受到的能力提升，都是挺不錯的。因爲這條路很順，我

很少談起它，我總是對一些困難的事情記憶深刻，對相對簡單的事情會下意識地忽視。今天藉著你的提問，我也來梳理一下我對職場的經驗吧，正好我現在作為創業者，也會從多個角度思考職場力。

一、職場價值觀很重要。

我的職場價值觀是：從來不認為自己是個「打工人」，我來工作只是為了增加我的技能，是為了「我自己」。因為在職場做的所有事都是為了自己，所以什麼事情都可以義無反顧。什麼加班不給加班費，什麼隨意被安排工作，沒關係，我願意做這些事，這都是在修練自己而已。也許我給自己的暗示很成功，過去的四年，我過得很快樂，也超級努力，沒有怨言——給自己打工，有什麼可抱怨的。

二、大多數人做不到超級努力，依靠努力就可以打敗百分之九十以上的人。

職場上渾水摸魚的大有人在，你稍微比別人努力就可以很快被看到。如果你覺得自己付出了很多，依然沒有被看到，我可以堅定地告訴你，不可能。我也帶過團隊，也招聘過員工，誰認真誰不認真，誰努力誰不努力，我都看得清清楚楚。你沒被看到，不是因為你隱藏得深，就是你做的還不夠。

三、同事關係就是同事關係，不抱以「朋友關係」的期待，可以減少百分之九十的麻煩。

職場上大多數人的不快樂，不是來自工作本身，而是來自同事關係。同事關係就是合作關係，不要抱以朋友關係的預期，只有少數的人，等你離開這家公司後依然保持聯繫。倘若你在同事關係中有了朋友預期，很多不方便說的話，也當作真情流露了。職場上沒有不透風的牆，別給自己添麻煩。

四、適當的時候勇敢地站出來，職場晉升可以提速百分之九十。

每隔一段時間，主管就會無意識地給你一次機會，此時一定要好好抓住。比如，在情況比較緊急的時候，誰能馬上接受任務執行；在遇到棘手的問題，誰願意站出來承擔責任；比如當大家都推諉的時候，誰能站出來說句公道話。適當的時候，站出來一次，比平時站出來二十次都要有效。

五、細節上認真，比幹幾件大事更能讓主管信任。

我辭退過一個員工，就是因為在細節上經常出問題。這樣的人，給主管最直觀的感受就是不值得信任，交給他任何一件事都得擔心，還不如自己上手來得高效率。大事做不好可以理解，是能力問題；但是如果細節都做不好，實在不能說是能力問題，只能是態度問題。在職場上，態度問題遠比能力問題重要。

六、不要玻璃心。

職場就是工作環境，目的就是大家一起把事情做完、把事情做好。沒有一個人願意和情緒化、玻璃心的人一起合作——別人都在處理工作，你卻在收拾心情，耽誤進度不說，還會導致大家不願意和你共事，生怕自己說錯了話，又讓你難過了。多一事不如少一事，漸漸地，你就被邊緣化了。

七、分寸感是絕殺武器。

任何工作本質上都是人和人之間的關係，而人和人之間最講究的就是分寸感。無論是你和主管、你和下屬，還是和合作夥伴，說話、做事有分寸感，會顯得整個人很高級，而這種「高級感」會引來更多人不由自主地與你合作。

八、學習能力是久處職場的人最強的競爭力之一。

如果你是職場新人，學習能力稍微差一點還可以理解，但如果工作一兩年之後學習能力依然特別差，不用說沒有升職機會，就連同事都會小看你，有什麼合作的事情也不想和你組隊。

學習能力，在任何領域都需要。但是職場上真正有學習能力的人，不超過五成，很多人只是嘴上說說，做做樣子而已，好在結果不會陪他們演戲。

我是非常熱愛職場的人，因為很多的價值觀都來自工作，如

果沒有創業，我很願意在職場上摸爬滾打一輩子。職場就是一個修道場，我在其中慢慢地變成理想的自己，很感恩這段旅程。

沒有對抗，全程接納工作帶給我的。於是收穫了一個又一個好結果。

沒有人天生熱愛工作，你要有能力在自己不全然熱愛的工作中，發現價值、追求價值，和人生一樣。

Hey

三十歲不再創業的女孩

你說「三十歲的我，已經沒有那麼野心勃勃地要大幹一場的決心了，只想腳踏實地地過小日子」，真想隔空擁抱你，你彷彿是世界上的另一個我。每次我們聊天，我都要說一句：「特別懂。」同樣三十歲，同樣輾轉於很多個城市，同樣做過很多份工作，同樣被很多人愛也被很多人拋棄，所以給你寫這封信的時候，我很明確的感覺是，我在寫給自己。

我是二十九歲的時候決定創業的。那個時候國內的疫情剛剛有所緩和，可以去公司上班了。坐在辦公室開會的時候，我突然覺得很壓抑、很被控制，以前不覺得，但在那段時間我突然意識到很多的會議太無聊，很多的討論都沒有意義，我想要離開。於是，我轉頭就走，沒有一絲糾結。人生總有那麼一個時刻，

你會無意識地做出選擇，而這個選擇很可能改變你的人生軌跡。

在過去的很多年，我就想過創業，說實話，我到現在都不理解我爲什麼要創業。沒有一個明確的理由，後來我找到了一個看起來合理的答案：我還是想要挑戰自己，想擁有更多的可能性，創業是我想嘗試的可能性，僅此而已。

過去的這一年，我就在爲這個可能性買單。這一路我只有一個感受：創業根本不是每個人都能幹的事，或者說創業成功本就應該屬於極少數人，因爲它太複雜了。你抱著滿腔熱血而來，得到的可能只是人性的涼薄；你自以爲積累了很多的商業經驗，但在實際操作中發現處處是坑；你以爲自己可以做很多事，結果發現什麼都做不了；你以爲會有很多人理解你，其實沒人理解才是常態。

我經常對你說的一個詞是：失望。我是一個對人、對世界充滿無限熱情的人，有時候我感覺自己的熱情好像永遠也用不完，但是在過去的一年裡，我多次使用了「失望」這個詞。尤其對於一名線上教育工作者而言，這種感受幾乎每天都存在。無數人抱著學習、改變自己的心態而來，我只能眼睜睜地看著他們在極短的時間內放棄，變回以前那個糟糕的自己。

二〇二〇年的最後兩個月，我在集中精力寫書。我感受到了無與倫比的快樂，那種快樂是給我多少收益都無法實現的快樂。

我曾經以爲，只有身體力行地影響到別人才會快樂，後來我發現自我創作的快樂，比影響別人快樂一千倍。

在二〇二〇年秋季的某一天，我見了一位非常有名氣的出版人，目的是幫助我覺得非常優秀的幾個想出書的小夥伴順利出書。出版人當時對我說：「蓑依，不要花時間在別人身上，就算他們再好。多花時間在自己身上，你會發現價值更大。」當時的我，把這句話理解爲了「自私」，覺得他有些狹隘，因爲利人就是最大的利己啊。但是今天我特別懂他的意思，因爲你失望過，因爲你不被理解過，因爲你相信自己可以更強大。

我和你說這些不是爲了抱怨，所有的事情都是如此，當你深陷其中的時候就會發現沒有想像中那麼美好，我早就接受了這一點，並且接受了我這一生會比很多人活得辛苦的現實。只是我很開心，你斬釘截鐵地做了這個不再創業的選擇，我非常支持。不喜歡的就放棄，不想堅持的就結束，千萬不要爲了堅持而堅持。

在創業的初期，我滿腔熱情地說：「一定要證明我創業可以成功。」現在想來多麼可笑。證明是什麼意思？證明給誰看呢？成功了又能怎麼樣呢？不要被這個願望圈住，可別忘了，我們創業是爲了實現更多的可能性，而不是把自己困在某一種可能性裡。

二〇二一年，我會做一個更大的嘗試，這個嘗試註定比二〇二〇年更累，我得試過之後才知道答案。但是有一點是確定的：

如果有一天我對創業這件事沒有熱情了，我一定會堅定地結束。三十歲的好，就是讓我們清楚地知道：在這個世界上，你最應該關心自己的幸福和快樂。沒有人想要成爲女強人，但每個人都想成爲幸福的人，我也是。

恭喜你，親愛的，在三十歲這一年開啟了人生的新篇章，特別值得期待。

Hey

容貌焦慮的女孩

　　我們一起吃午飯時，你問我對現在網路上很火的「容貌焦慮」怎麼看。我沒有開口問你為什麼會問這個問題，我揣測是因為你比較胖，可能對自己的身材不夠滿意吧。當時我是用一個故事來回答你的，現在分享給大家。

　　二〇一八年十二月的一天，我參與錄製的節目完美落幕，工作人員都開始收拾行李，終於能從住了幾個月的酒店離開了。我和當時的主管住在一個房間。我們一起回去收拾行李的時候，她突然對我說：「馬上要放假了，我想去做個雙眼皮手術，但是我不想一個人去。」我脫口而出的第一句話就是：「我陪你去唄？」她非常驚訝地問我：「真的嗎？你真的要做嗎？」我脫口而出：「這點事算什麼，去！」於是，

第三天，我們一起去割了雙眼皮。大家也都看到了，我得到了一雙很失敗的、歐式的雙眼皮。

後來，每次照鏡子時我都後悔地說：「哎呀，這個腦子，怎麼就進水了？」朋友也給我介紹好的醫生，說：「你可以去修復一下，現在修復技術還滿好的。」我堅決不要，我很知足的地方在於很多割雙眼皮失敗的人，是閉不上眼睛的，而我雖然醜，但起碼可以閉上啊，哈哈哈。

這個故事裡的我真的不在乎容貌，如果在乎，我就會做足功課，認真對待割雙眼皮這件事；如果我真的在乎容貌，我就會去做修復。我為什麼不在乎容貌呢？不是我想不在乎，而是在我的人生焦慮的排序中，容貌焦慮還排不上隊。

我的焦慮中排在第一位的是我怎麼可以突破自己的認知瓶頸。上班的時候，想在自己的領域上認知比別人高一點，做事情就會品質高一些；創業的時候，發現對於創業這件事所知甚少，要補的功課實在太多，還得和自己的懶惰對抗。三分之二的心思都放在這裡了。

排在第二位的是我如何能成為一個自己認可的很酷的人。我對自己不滿意的地方在於現在所做的事情都是沒有挑戰性的，雖然有難度，但都可以想方設法地解決，腦洞不夠大，格局不夠大，沒有形成自己的做事風格，一點都不酷。

排在第三位的是如何保證我的輸入可以大於輸出。我每天輸出的東西太多了，書面、口頭，如何保證我的輸入可以跟得上，也是我每天要面對的。輸入這個東西比較難以量化，有時候就會偷懶，但是一偷懶，一個月過去，基本就沒什麼長進，所以我要花時間和精力來研究它，解決它。

排在第四位的是如何突破自己不願交際的習慣；排在第五位的是如何控制自己的情緒；排在第六位的是如何能夠在內心裡留更多的位置給別人……這樣算下來，容貌焦慮應該要排在至少十名之外。

我在網路上看到很多人在討論容貌焦慮，大多數人告訴你，不用焦慮，自信遠比容貌重要；每個人都是獨一無二的，你要尊重自己的容貌，你有自己的美。不好意思，我早已過了用「單個問題」解決「單個問題」的認知階段。如果你所有的思考都是在「容貌」範圍之內，無論你怎麼使勁，都不會得到很好的解決。

去面對更廣闊的世界，去面對更大的焦慮，你會發現，容貌焦慮不值得一提。

所以我想告訴問我這個問題的女孩，我知道，其實你的生活過得沒有那麼好，每個月的薪水在深圳這樣的城市其實算是比較低的，不如暫時先放下容貌焦慮吧。多賺點錢，多提升自己，讓未來的生活變得更好。

Hey
不懂拒絕的女孩

　　我們聊天時，你問我：「二○二一年，你最想嘗試的一件事是什麼？」我說我比較貪心：在成長方面，我最想嘗試的一件事是讀歷史書，每一年我都有自己的讀書主題，前年是文學類的，去年是商業類的，今年是歷史類的，以前我是無論如何也不想讀歷史書的，或許是時機到了，現在我就是想讀，想如飢似渴地讀；在生活方面，我最想嘗試的也只有一件事——學會拒絕。

　　二○二○年，是我創業的第一年。因為在之前被灌輸過很多創業艱難的觀念，所以第一年我奉承的理念就是：越多越好。做的事情越多越好，學員的人數越多越好，嘗試的領域越多越好。我曾經在網路上說：「過去的每一天，我都竭盡全力，沒有辜負任何一

天。」每天都在超級努力地做事，然而到了二〇二〇年年底，我在梳理和反思過去一年的工作時，突然呆住了：我做了那麼多事，但眞正讓我有價值感、眞正讓我開心的卻少之又少。

爲什麼呢？我每天都在竭盡全力啊？後來我把每一件事都列出框架，發現其中有一個很重要的環節是：我在不該花費力氣的人身上浪費了太多的時間，加上我喜歡和自己較勁──當我發現一個人怎麼也拉不起來的時候，我不會放棄，反而會激發更大的欲望再幫她一下。事實是，如果人不對，除非你花費很長時間，否則這個人基本沒有變化。

讓我那麼願意在不合適的人身上花費時間，現在想來，有兩個原因：一是因爲我知道創業艱難，所以珍惜每一個用戶，希望日後可以有長久的合作；二是我對人的習慣抱有太天眞的想法了，我以爲只要有人督促你，教給你方法，甚至親自帶你，就一定會有結果。現實給我的答案是：你不可能擁有所有的用戶，只有內心有所偏袒，才會擁有一批眞正屬於自己的用戶，不要平均施力，要有特殊關照；一個人的整體素質在二十三到三十歲之間就基本定型了，如果他本身負能量大、學習能力差、素質低，別說一個你，就是十個你都救不了他。因爲他的生命中路過了成千上萬個你，才成就了僅此而已的他，我們收起拯救世人的心，救自己比較好。

當我想明白這一點的時候，全身輕鬆，在二〇二一年這一整

年，就是要學會「拒絕」。給自己一年的時間，看看是不是拒絕東西就減少東西，創業就會失敗。如果失敗了，那我就會轉換思維，承認這一年做了錯誤的嘗試；但如果成功，這個信念就會成為我堅定的價值觀。

二○二一年過去了半個多月的時間，我拒絕了三十多位學員，以前當他們問：「我對寫作沒有信心，可以參加你的課程嗎？」我會說：「可以的，在寫作中培養信心就可以了。」現在我會說：「要不就別參加了吧，先建立信心再來參加吧。」

我還拒絕了三個合作：一個是做年度品牌顧問；一個是做讀書大使；一個是幫助某平臺機構的老師從線下轉線上全流程服務。總的加起來，至少有五十萬元的收入，以前我會說：「可以啊，我試一試。」然後就逼自己加班加點地完成。現在我會說：「不好意思，我這一年集中做與寫作相關的，和寫作無關的，都暫時擱置，希望理解。」

「下班後老闆給你發訊息，該不該回？」這道辯題和我現在思考的內容很相似，我認為：不應該回！因為你要給老闆展示你的底線，而我二○二一年開始拒絕，就是要展示我的底線和標準。

一個機構創辦人的底線和標準，就是這個企業的文化，會影響所有的同事。當我學會拒絕，對學員挑剔的時候，他們也就不必每天為了拉來一個新的客戶而委曲求全，這樣，你們漸漸地就有了自己的競爭力。

見人說人話的女孩

吃飯時，我隨手翻微信朋友圈，看到你在誇我們共同認識的那個女孩有多優秀。你知道嗎？看到時，嚇得我趕緊點擊你的頭像進去又看了一眼：沒錯，是你本人呀。我為什麼會懷疑自己看錯了？是因為兩年前，同樣在微信朋友圈，在那個朋友最難的時候，很多人都說她賺快錢、搞噱頭的時候，你罵得比誰都狠，話說得比誰都難聽。

當然，我不知道這兩年你們之間都發生了什麼，不能下定論。只是我因此又聯想到一件事，你也在我們的小團隊裡，每次我的助手給你發訊息，你幾乎從來不回覆，無論發幾條、事情有多緊急，但若是我給你發，你基本可以做到「秒回」。

我可能是個小人，肆意揣測別人，只是我很難不

把這兩件事放在一起。對不起，在這個節點，我認為你是一個「見人說人話，見鬼說鬼話」的人。也許是因為我的倔強，我認為「見人說人話」是對自己價值觀的不尊重，是你沒有做自己。

就拿我開頭提到的那個女性朋友來講吧。很多年前她開始一個人創業，在什麼資源都沒有的情況下，只能用一些噱頭來冷啟動，也經常分享和名人的合影。如果你經歷過做任何事都從零到一的過程，你就知道這是很正常的，不是炫耀，而是冷啟動的方式之一。你什麼都沒有，只能先喊出口號，然後去實現。

那個時候，她的很多學員在各種場合吐槽她什麼都不懂，只是包裝出來的。恰逢她那段時間創業也不是很順利，團隊整體換血，這時候，如果你有自己正向的價值觀，可以閉嘴，或者站出來反駁其他人，但是你也跟著其他人一起搖旗吶喊，把她頂上小圈子的風口浪尖，試圖坐實她的包裝。

沒關係，如果你從頭到尾都認為這是包裝也沒有關係。三年後，她成了一個知名的 KOL，而且公司名氣非常大，你應該認為：這是個人品牌或者包裝的勝利，或者可以評價為「她也許最初是包裝的，但是過程很努力，很勤奮地實現了今天的成績」，但是當你說出「她對自己的初心是如何堅定」時，就暴露了你根本沒有正向的價值觀。你最早說人家初心是包裝，是想要成名，是想要賺快錢，可沒說人家的初心是幫助她的學員。

　　隨著經歷的豐富，對一件事的認知肯定是有變化的，但如果你及早明白這一點，在人家在風口浪尖的時候，就不應該下結論。人的看法、認知會變化，但人的價值觀基本不會變。當一個人見風使舵的時候，就說明她是一個價值觀不穩定的人。

　　而我對這種人是非常害怕的，因為這種人不可控。

　　在過去的一年裡，我遇到了好幾個這樣的人，並且都是身邊人。別人說 A 好，她也堅定地覺得好；可是有一天她發現 A 有幾件事沒做好了，就把 A 貶到塵埃裡去。這種不可控的人，既不可以做朋友，因為朋友之間總是要吐槽的，這些吐槽日後就會成為你的把柄；也不可以做合作夥伴或者同事，因為公司內部的事情會被她當作談資。全世界知道後，你去質問她，她卻說：「我不知道不能說啊。」

　　我很討厭那些胡編亂造的處世學的原因就在這裡，它會讓人變得不可控，也會讓人變得不認識自己。社會技巧如過眼雲煙，都是「術」，都會過時，也會被推翻，只有正向的價值觀、人生觀，才可以讓你不斷擁有人生的厚度，也才可以讓你確認自己的價值導向。當你「見人說人話，見鬼說鬼話」時，你的生活中就會充斥著無數的人和「鬼」；當你只說人話時，你的世界沒有「鬼」，只有人。

Hey

經常失眠的女孩

那天你突然問我：「蓑依，你失眠嗎？晚上睡不著好難過啊！」我看著這個問題噗哧一笑：終於有人來問我這個問題了。

我是一個長期失眠者，失眠到什麼程度呢？晚上十一、十二點躺下，可能凌晨五、六點才睡著，尤其是生理期之前的那個晚上，一整晚都別想睡著了。

我像所有失眠的人一樣，尋求過很多解決方案，比如加大運動量，讓身體疲憊，方便入睡；睡前讀書，讓自己昏昏欲睡；吃褪黑激素，用外物強迫自己入睡。結果都是：失敗的，徹底失敗。無論我多麼想睡覺，只要我一躺下，腦中就有漫天的花朵綻放，各種各樣的想法冒出來，比瀑布的威力還大，根本止不住。

二〇二〇年，我找到了和它相處的方式，就是：失眠就失眠唄，我不和你對抗了。我之所以會這樣想，基於以下三種想法。

第一，我用了各種方式去對抗失眠，發現都沒用，我只能妥協了。這世界的有趣之處就在這裡，當你放棄反抗，承認無法改變現狀時，生活就會給你一顆糖，讓你覺得可以再跑一會兒。自從我放棄對抗之後，我發現開始從之前的凌晨三、四點入睡，進步到一、兩點了。還是滿腦子的事，那就想唄，天南地北地想，直到累了，也就毫無知覺地睡著了。

第二，某一次回家，我和爸爸聊起來時才知道，爸爸也是一個長期失眠的人。他比我更厲害，失眠了幾十年了，也有很多時候徹夜睡不著覺，他想到的方式和我一樣——無欲無求，願意怎樣就怎樣吧。爸爸今年五十多歲，覺得他的身體還可以，沒有因為失眠而導致身體怎麼樣，我就覺得沒那麼嚴重，從生理機能上來說，沒必要為此過於擔憂。

第三，我在失眠的時候，想通了很多的問題。白天絞盡腦汁怎麼也想不明白的問題，晚上解決方案自動就來了。這樣的時候多了，我就開始專門等待這樣的時刻，彷彿是上天來給我送禮物了。還有一個好處就是，白天我不會太為難自己了，想著反正晚上會有答案，焦慮感就沒那麼嚴重了。我沒有研究過腦科學，不知道人和人之間大腦的興奮點是不是不同的。我就是夜晚容易興奮，有時候覺得晚上給我一道高三的數學題都可以解得出來。

也就是說，我現在覺得，晚上的我是被祝福的。夜晚時我腦洞大開，對身邊人熟睡而我清醒，有一種感恩，彷彿它是一種才華，特別擔心有一天它枯竭。

現在的我，一週裡還有三、四天是失眠的，我就趁機把想不明白的事情翻來覆去地想。有時候老天也很吝嗇，可能知道我想投機取巧，馬上就讓我睡著了。沒有答案時，我還會有種淡淡的失落感。

也許你還會問我：「晚上不睡覺，你白天沒有精力怎麼辦呢？」我可能就有點特殊了，無論我當晚有沒有睡覺，第二天還是像個機器一樣高速運轉，可能工作已經成為我的身體行為了吧。但也是沒有辦法的，喝杯咖啡，接受它，也是我能給你的答案。

人生就是玩，給你什麼樣的身體設定，你就在什麼角色裡沉浸地玩就好了。

Hey

長年沒有進步的女孩

　　前兩天我們聊天不歡而散。原因很簡單，你和我說今年計畫轉型做美學穿搭，按照我對副業的理解，我直率地說：「我覺得你今年做一點這個，明年做一點那個，一定都做不好。」這句話明顯傷了你的心。

　　今年，我一直告訴自己要戒掉想拯救一切的念頭，不要試圖去勸誠任何人：一來我的認知不一定是對的；二來說了也沒用，讓自己失望，何苦呢。但是後來又有一個女孩來找我，提到了年度計畫這件事，我還是說說我對這件事情的理解，你們也別太當真，一家之言而已。

　　年度計畫，我覺得有兩個指向：第一種就是每年給自己一個新的挑戰，比如今年我想學會滑雪或者潛水，明年我再學會插畫或者插花，每年都給自己與眾

不同的新鮮活法，這是非常不錯的，講究的是「有趣」；第二種就是除了日常的生活和工作之外，想要搞搞副業，或者說培養自己的一個可持續的愛好，也就是說，講究的是「有用」，希望它對你的事業、財富都能有所影響。

接下來，我主要說一下「有用」的，「有趣」的只要大膽去嘗試，不受邊界的約束，勇敢試錯就好了，但「有用」是有方法的。

一、想要做到「有用」，就得可執行、可落實。

我看到很多小夥伴做的年度計畫是日更社群平臺，或者每天寫一篇文章，因為我在做這件事，我知道它有多難！過去好幾年我都想做這件事，但就是做不到，如果一件事落實特別有難度，不一定對你有用。所以，你不妨改為每週寫一篇文章或者每個月寫五篇文章，這樣才真正地可落實。類似的事情還有健身，你非要每天跑步五公里，基本這件事就成為「任務」了，還不如一週健身兩次，輕輕鬆鬆地保持精進，就很好。

在二〇二一年，我給自己做的年度計畫有兩個：

(1) 每個月拜訪五位老師，這些老師可以來自各行各業，越跨界越好。比如，我這兩天拜訪的就是一位某手機品牌的產品經理，和我八竿子打不著，我就想請教一下他對產品的思考。我想，一個月拜訪五位老師太少了吧，後來我從流程上順了一下，發現

五個其實是多的，三個正好。但為了給自己增加有點挑戰性，就設置了五個，跳一跳就可以夠著，就是我的「計畫習慣」。

(2) 每月讀四本歷史書。二〇二〇年創業開始，我明顯發現對我最有用的不是商業類書籍，而是歷史書。我現在所走的路，所思考的東西，所犯過的錯誤，其實早就有無數的人經歷過了，也都寫成了文字，我想把它們找出來，「於我心有戚戚焉」。我每個月至少讀八本書的，四本歷史書是不是太少了？不，太多了！歷史書對於我來說比較難啃，一週啃完一本，就很了不起了。

對目標鬆弛一些，其實會獲得更多，也是你久經沙場之後的小智慧。

二、想要做到「有用」，還得可持續。

回到文章的開頭，我為什麼不建議那個女孩做形象美學呢？因為她每年都換一個賽道，二〇一九年創業，二〇二〇年讀書，今年是形象美學。如果拋開「有用」的要求，我覺得沒關係的，做什麼都好啊，而且都是那麼正向、有價值的事情。但是，如果從「有用」的層面來考慮，就完全不是這回事了。

一個東西想要真正變得有用，一定要靠時間的積累，所謂的「一萬小時定律」是有依據的。就拿自己來說，我大學寫了四年的文章，基本上沒有什麼收益，但如果我畢業的時候，轉換賽道，

去專攻畫畫，或者專攻電影，我現在一定出版不了書，也賺不來稿費。我寫作十二年，到現在也不敢說寫作水平有多高，因為要使它真正成為你的東西，必須不斷深入，不斷磨練。我今年開始做「寫作療癒」相關的課題，發現原來我對這一塊一無所知，還有很多的寫作「黑洞」等待我去解祕。如果我不堅持，經常換領域，我很可能連這個「黑洞」都看不到。

在某個領域深耕下去，持續探索一下，才會真正有價值。前段時間看了一個探訪，拋開羅老師「網紅」的標籤，我最感動的就是他對法學的持續耕耘，信手拈來，彷彿法學住進了他的身體裡。對他來說，這些不是知識，而是日常生活，非常妥帖。還有最近大火的哲學教授劉擎老師，你看到歲月積累下來的力量，在娓娓道來中，哲學觀念為他所用，一切都是活的。沒有幾十年的深耕，怎麼會渾然天成？

說到底，年度計畫之所以沒用，是因為很多人不是寫給自己看的，而是寫給別人看的，或者寫給想像中的自己看的。承認自己有懶惰、拖延，承認自己意志力不強，然後給自己留出喘息的時間，選準賽道，一路狂奔，內耗減少了，你跑得也就更快了。

Hey

沒賺到錢的女孩

每年的年底，都是一個很好的回望機會。前幾天，我的腦海中突然閃現了幾個年初對我說想要賺錢、想要做副業的人的臉，無一例外地，他們既沒有做副業，也沒有賺到錢。以前，我會認為如果一個人說「我很想賺錢」，是她真的想賺錢，畢竟能坦誠自己對金錢的渴望，說明還是有需求的吧。後來經過很多事情之後，我發現並不是。

口口聲聲說要賺錢的女孩，一般都賺不到錢；真正賺錢的女孩，都在埋頭苦幹。

我說過很多次，二〇二一年我的目標是要賦能一百個寫作愛好者，讓他們年收入過十萬元。不懂的人會說一百個太少了吧，懂的人才知道一百個人太多了。我之所以明知道多還是選擇一百個，是因為想給

151

自己一定的容錯率，也就是這一百個人裡面，即使只有三十個人真正賺到十萬元，我也就心滿意足了。所有在開始的時候都會信誓旦旦地要拚、要努力，過半年折損一半，過一年折損八成，基本是這樣的規律。

那到底什麼樣的人才能賺到錢呢？作為一個在三十歲前賺到兩個一百萬元的人，也許可以給大家一點點建議，不一定對，也可能只對我有效。

一、必須有強烈的賺錢動機。

很多人對賺錢有渴望，但是這個渴望是很弱的，是一種「有更好，沒有也行」的狀態。一個朋友每個月都還不上信用卡，每次租房子都得借錢，你覺得她會很想賺錢吧？不，人家不喜歡一份工作，說辭職就辭職，連薪資都可以不要，這種人就屬於對自己的生活不滿，也沒有能力或者懶得去改變生活的人。

我身邊有強烈賺錢動機的人，大致可以分為兩類：一類是因為要買房子、換車子、去旅行這樣的需求而拚命賺錢的人，「為了房子拚命賺錢」拋開價值觀不說，我身邊大概有百分之六十以上結婚的人都在為這個目標而努力；另外一類就是需要用賺錢體現價值感的人，比如我，我賺錢不是為了買房子，對高級的生活品質也沒有訴求。我就是需要用收入來告訴自己這件事有價值、有前景，我很難拿一個沒有結果的事情告訴自己：「你很棒。」

「沒有強烈的賺錢動機」這一點，我覺得可以刷掉百分之八十的人，大多數人只是空有一個願望，但動機是找不到，也不存在的。

二、必須要有自己的特長。無論這個特長是什麼，都可以。

比如跳水、洗眼鏡、養殖都沒問題。你有特長，才會有賺錢的可能。賺錢就是我替你做某些更專業的事來節省你的時間。

我和男朋友暢想未來的時候經常說，有了孩子，我不期待她的成績有多好，但是我會盡全力培養她的一個特長，只要她有特長、人品好，我就非常知足了。現在很多媽媽也都在培養孩子的特長，但存在兩個問題：第一個就是這個特長不是孩子的特長，也不是她的天賦所在，而是家長覺得她應該有的特長；第二個是家長對孩子特長的培養不夠堅持，基本到了國、高中就斷了，全部的心思都轉移到了學習上。

我是特長的受益者，雖然這個特長並沒有多麼厲害，但是寫作不但讓我賺到了人生的第一個一百萬元，而且成了我終生的事業。當我想要遠離職場的時候，我還有一條退路。

今年，我很高興地看到身邊幾個從小在畫畫方面有特長的人，都開始撿拾起畫筆，畫畫也成了自己的副業。有特長的人，比沒有特長的人能夠更快速地變現，也就更容易賺到更多的錢，畢竟很多沒有特長的人困在「用什麼東西」開始上。

三、肯下苦功夫去賺錢。

我提到，我要幫助一百個人憑藉寫作一年賺到十萬元錢，有幾個小夥伴問我：一年才十萬元啊？我很驚訝：一個第一年嘗試寫作變現的人，能賺十萬元都非常難，需要下很多苦功夫的，他們從哪裡來的依據，覺得一年賺十萬元很容易？

賺任何一分錢都不容易，即便你有名氣，有地位，這世界上沒有一個人賺錢是容易的。

我現在說自己靠寫作賺了人生第一個一百萬元，你覺得很容易，可是我用了四年的時間啊！你以為我只是寫寫文章就可以了嗎？遠遠不是。我也不擔心別人如何迅速超過我，因為我知道這有多難，更何況已經有運氣加持還是很難。

我很感謝我在農村出生、成長的經歷，我很小就知道賺錢的辛苦，那些動輒月入百萬的人，我相信是存在的，但我也相信他們也一定經歷著未曾經歷的東西。

倘若你覺得賺錢不是很重要，你沒有什麼特長，還吃不了苦，但你還天天想著賺大錢，那就約等於你等著天上掉餡餅，約等於坐享其成。但你有這麼幸運嗎？

第五章

永遠自律 永遠自由

Hey

蓑依：你敢用一年的時間來試錯嗎？

這是我寫給你的第一封信。按照計畫，我應該會給你寫十封，希望你收到信時是開心的，畢竟你開心的時刻很少。

今天我想和你聊聊你的三十歲。

有人說，你三十歲的時候會發大財，你曾深信。事實上，這一年，你付出了超過工作時四倍的精力，但收入也就比工作時翻了兩倍而已。朋友告訴你，如果只是多賺了兩倍，你卻要付出四倍的精力，那不如就回去工作，而你安慰自己：「哎呀，疫情期間我都能賺到這麼多，而且是創業的第一年，挺好的。」

你對錢的態度，一直是我很喜歡的——很知足，可能是因為小時候太窮了，也可能是因為很早就積累

了兩桶金，有了底氣。總之，不爲金錢焦慮，是你三十歲創業的前提。

它沒有辜負你，給你的比賺錢還要多。在這一年裡，你看清了人情世故；這一年，你也懂得了職場和市場的規則，更重要的是，這一年，你竟然敢任著性子來試錯，太奢侈了。

在創業之初，你的師傅無數次地提醒你，要做精、做小，即使只做「職場公文寫作」這個點，也可以讓你賺得盆滿缽滿；而你自己也很清楚地知道，你很擅長寫作，大家對你的認知也是可以成爲作家。你完全可以從這個點切入，但你就是任性啊，你就是想走自己覺得可以走通的路。

於是，你試了個人品牌領域，眞的是一個一個地手把手輔導過來。後來進入一個好的圈層，不用招生就可以滿員，但是你感受不到快樂，非常消耗自己。於是，你果斷選擇了放棄。

你也試了做分院的體系，因爲一個學員的信任，從北京來到深圳三個月。所有人都告訴你不要去的時候，你問：「我去了能損失什麼？」好像只能損失一、兩萬搬家產生的費用，那有什麼好猶豫的？去！事實證明：你現在還做不了分院，線下和線上是兩個體系。線下還要從頭再來，而你沒有精力，也不想專注於線下。

我很喜歡你身上「及時止損」的品質，只要是你感覺出了問題，無論條件多麼艱難，一定會及時止損，以至於最後沒有損失

什麼。當然，過去的一年，不是所有的嘗試都是不好的，還有很多的嘗試挺棒的。

比如，你開始做自媒體了，尤其在停止了兩三年之後還願意開始，這就很不錯。

比如，這一年，你沒有求助過任何一個人。你就想看看不憑藉任何人的幫助，不憑藉任何資源，自己都會怎麼樣？事實證明你自己也是可以的。

比如，任何機會你都會抓住，並把它從小變大，所以有了主編的第一本合集的出版，這比自己出書還要有成就感。

比如，你真的盡全力過好每一天了，沒有一絲後悔……

我希望你永遠記得三十歲這一年，風風火火，朝氣蓬勃，拚命奔跑，義無反顧，活得像二十歲出頭的女孩。

我希望你永遠記得三十歲這一年，在你背後有一道道傷口的時候，你沒有想過要放棄，你憑藉著那份倔強挺著，直到傷口痊癒。

我希望你永遠記得三十歲這一年，父母健康、愛人陪在身邊。是他們給了你所有的愛和安全感，讓你做夢，讓你披荊斬棘，讓你獲得榮耀。

我希望你永遠記得三十歲這一年，因為這一年，你才開始成為自己所期望的自己。

Hey

蓑依：無條件地愛，才能避免傷害

這是我給你的第二封信，想聊一個你以前絕對不會注意的話題：無條件的愛。

我發現，你挺討厭聊「愛」這個話題的，作為一個超級工作狂，「愛」在你這裡彷彿可有可無。就拿你弟弟來說吧，如果一個人認識你一年，可能都不知道你有一個親弟弟，因為你從不提起他，也不聯繫他，你和他沒有任何不愉快，但就是覺得沒有必要，一直淡淡地相處著，偶爾有事的時候打個電話，僅此而已。

我總覺得你對「愛」的表達特別隱晦。有一天，一個女孩對你哭訴，她被媽媽折磨得快要瘋掉了。你問她：「為什麼不離開你的媽媽？為什麼你還要聯繫她？」我覺得很少有人可以這麼去挑戰「母女關係」，但你說的就是你認為正確的解決方法。

在這種狀況下，我們來聊「無條件的愛」多少有些可笑，你都不去愛別人，何談無條件的愛呢。

這一切，還要從你最愛的工作說起。創業的第一年，你遇到最苦惱的問題是：為什麼我選擇一個 To C 的工作，而不是 To B 的工作？To C 的所有工作，本質上都是服務屬性，每天要面對各種各樣的客戶詢問，有些詢問和質疑，讓你覺得可笑又崩潰。而且因為是直接面對客戶，你會聽到很多只有負面、沒有建設性的反饋，這個時候你會很受傷，即便你已經很強大，但也經不起每隔幾天就有幾個人質疑你。

你有兩個運營，他們和你一樣直接面對客戶，無一例外地也被客戶折磨得很痛苦，你不斷聽到他們抱怨：「怎麼連這個也不會？怎麼會這樣想？怎麼這麼不配合？」有一個運營還專門買了一個解壓神器放在桌子上，就為了發脾氣的時候能夠釋放一下，然後再微笑著說：「好的，沒問題。」

前段時間，你們的小程式上線，有一個運營幾乎每天都睡不著，不是因為擔心沒有做好，而是擔心客戶提出的各種各樣讓人欲哭無淚的問題。你們每天祈禱，但依然遇到各種雞毛蒜皮的問題，比如「我的手機儲存空間不夠怎麼辦？」「我不會使用 word 怎麼辦？」「我不習慣使用小程式怎麼辦？」「我家訊號不好怎麼辦？」

直到有一天，看著脾氣特別好的運營再一次被這種瑣事折磨得煩躁不堪，也不知道哪裡來的力量，你對他說了一句：「無條件地愛別人，這樣你就不會受到傷害。」這句話蹦出來的時候，你自己都嚇了一跳，你怎麼能說出這種話來，完全不像你的風格。但這也許就是你過去一年的所有經驗匯聚的智慧吧。

是的，你之所以會痛苦，是因為對別人的愛都是有條件的：你愛你的學員，條件是他配合你，按時完成任務；你愛你的合作夥伴，條件是他尊重你，為你的利益著想；你愛你的伴侶，是因為他愛你，義無反顧地包容你。可是，一旦有條件，你就一定會受到傷害，因為條件是永無止境的計較。

這是個大智慧，我覺得你也沒有完全想清楚，但是我很開心，你「入境」了。

最近這段時間，有好幾個競爭對手來參加你的付費寫作社群，如果發生在以前，你一定會想辦法把他們驅趕出去。我還記得有一次一個微商來參加，目的很明確，就是為了認識新的學員，試圖來成交一些代理，當你發現他這個意圖的時候，你真的驅趕了他。你說服自己的理由是：我要為我的學員負責，不然他們會以為我和這個微商是朋友，我贊同這件事。你看，這就是有條件的愛，我不允許這個微商成交我的學員。事實上，成交不等於傷害，而這個微商也有成交任何人的自由。

這一次，你張開懷抱，歡迎他們。你對他們的愛是無條件的，你全身心地接納，因為這才是你唯一能做的。

「無條件地愛」，不是多麼高尚的詞彙，而是你自我保護的方法。因為你對別人無條件地愛、無條件地幫助、無條件地付出，你就能避免傷害；因為你沒有條件，沒有預期，也就沒有失去和失望。

羅傑斯說：「愛是深深的理解和接受。」沒錯，你深深地理解到了每個人的侷限和不容易，深深地理解到了你的侷限，所以你全然接受，當你接受時，你更多了收穫愛的可能性。

我很喜歡一位心理學家說的話：「無條件的愛，其實你在做自己的時候，順便給到別人愛。你看，太陽給予人類和植物的愛就是無條件的，但是太陽有在愛人類嗎？沒有吧？太陽只是在做自己，它喜歡發光發熱，順便對人類和植物構成了愛。」

是的，你可以成為太陽，發光發熱，然後順帶著完成了對其他人的愛。

你要記住：你是太陽，當你越包容、越接受，你就會越耀眼。

Hey

蓑依：生命的意義是什麼？

這是我寫給你的第三封信。有點可笑，我竟然要和你探討生命的意義了。

你是一個非常務實的，腦海中只有「當下」，沒有「過去」和「未來」的人，也是一個不需要意義和價值就會自我撬動的人。我們從來沒有討論過這麼宏大的命題，我知道你不喜歡，但是我們可以試著聊一聊。

前幾天，你和一位你很敬重的出版人聊天，他說：「人生在世，無非兩個字——制衡。任何事都要追求一個平衡，如果不平衡，就製造平衡。」人家說得沒錯，隨著你年齡越長，感受也會越深。但是你的那股倔強勁又來了，在人家以「你先忙，之後聊」試圖結束談話時，你非得告訴人家：「我覺得對我而言，最

重要的兩個字是熱情。如果沒有熱情，我的生活就沒有色彩了。」這句話與其是對他說的，不如說是對你自己說的，你必須給自己一個答案。

他安慰你：「如果你以這個觀點作為一本書的主旨，這本書會比較難賣。因為大多數買這書的人，做不到熱情，我們得取一個普羅大眾的審美觀作為標準。」

你的做法是：「那好吧，我不寫這本書了。如果不能寫我自己信任的東西，那還是換個主題吧。」

是的，熱情是你所有的力量所在。在過去的一年裡，我看到過你無數次剛剛和別人因為工作的事情吵完，馬上就拿起電話處理另外一件事，且迅速進入狀態，以至於男朋友都評價你：「根本不像個人，和機器一樣。」如果機器需要燃料和能源，那你只需要的就是：熱情。

為什麼熱情對於你那麼珍貴呢？歸根結柢，我覺得是因為你總是有一種匱乏感。這種匱乏感不是物質上的，而是生活方式上的。

小時候你特別不喜歡吃魚，長大之後，你喜歡吃各種各樣的魚，甚至專門跑到一個城市只為吃魚。為什麼呢？因為小時候，你家只會做清蒸魚，而且因為技術不夠好，真的就只是「清蒸」，沒有鮮味，連鹹味也沒有。後來你到杭州上學，最開始的一段時

間也不愛吃魚，確切地說是不敢吃魚，擔心不好吃。某一次嘗過之後，你大開眼界：怎麼會這麼好吃？那是你第一次覺得這個世界上同樣的東西會有不一樣的味道。當時你的室友都在旁邊，像看著一個從來沒有見過魚的小孩一樣，問：「你是第一次吃魚嗎？」你異常激動地說：「我第一次吃這麼好吃的魚。」室友們真的是「嗤之以鼻」，吃一條普通的魚就激動成這樣，真是沒見過世面。

後來，你有機會去看各種各樣的海，給你的感覺和「魚」是一樣的──都不過是水形成的流域而已，每片海都有不同的顏色、不同的聲音、不同的味道、不同的脾氣。這世上不只一種海。

研究生畢業後，你開始做電視節目，更是遇到了無數條「魚」。「怎麼會有這樣的人啊？」「哇，這個人好有趣，我要讓他來上節目！」「這個人的想法很特別耶！」「這個人好討厭，不過他說的有道理」，無數人以無數種方式進入你的生命，你大口呼吸，彷彿要嗅掉這世界上各種人的味道。那種被各種顏色的人灌注的感覺，讓你覺得活著真好，可以藉由一個個故事，打開一扇又一扇的門。

很開心的是：從你吃西湖醋魚開始，生活的熱情在節節升高，並沒有因為你已經不那麼匱乏了而有所降低。有時候你可能會想：反而是經歷得越多，越覺得自己匱乏；越想去探索，越有對生命的熱情。就這樣，挺好的！永遠保持好奇，永遠期待奇遇，

永遠匱乏。

是的，既然所有的生命都要死亡，我們唯一能把握的就是過程。你會希望這個過程永遠充滿不確定性，你會擁抱傷害和挑戰，你還會做好準備接納新鮮和有趣。

你才三十歲，對生命的追問才剛剛開始。

Hey

蕡依：沒有寫作，你會怎樣？

這是我寫給你的第四封信，聊一個一直存在卻總是被你忽視的話題——寫作。

不得不說，你所有的幸運都來自寫作。

上中學時成績不好，但因為你寫作好，讓老師和同學刮目相看，成為學校的名人，反而把其他科目的成績也提上來了；大學一畢業，發表了幾篇閱讀量超過十萬的文章，機緣巧合下出版了第一本書，而且銷量不錯，讓你後來不管是考研究所調劑，還是找工作，都因為出版過作品而異常順利；辭職創業，寫作也成了你的競爭力，即使你過去的一年沒怎麼在寫作上投入，但它就像非常愛你的戀人一樣，你朝三暮四過後，一回頭：它還在等你，你終於決定和它攜手一生了。

在過去的很多年裡，你聽到過無數人說有個作家夢，司空見慣之餘，你會覺得你現在擁有的是「應該」，而不是「幸運」。我希望你永遠記住：它是上天給予你的禮物，非常珍貴，你必須珍惜。

而且我也希望你能知足。即使你創業不成功，即使你做很多事情都失敗，即使你的家庭出現問題，你也要記住：此生，你有寫作已經是最大的幸運。如同那句話：「當你覺得沒有鞋子穿的時候，別忘了有些人是沒有腳的。」不要去看那些別人有而自己沒有的東西，多看看自己有而別人沒有的東西，就會獲得一顆平常心，也就更容易獲得人生的幸福。

你想一想，假如你的人生中沒有寫作呢？

沒有寫作，你的人生就沒有光。現在的你，無論處於多麼困頓的生活中，總體感覺是有光的。那種光是一股勁，你彷彿永遠有東西在追求，你也總是有那麼一股做出不一樣東西的勁。

記得有一次你去採訪一位女企業家，那位企業家趾高氣揚、幹練十足。你的工作人員好心提醒你：「你也擺個架子，別讓人家小瞧了。」你回應說：「一個人有沒有能力，不在乎外在的這種架子，只要一聊天，就會知道這個人到底有沒有東西。」果然，女企業家還是見多識廣的，在深入聊到一個話題的時候，你一針見血地指出了她的軟肋，瞬間感覺換了一個人。

　　你對自己的定力是很有自信的，而這股自信，就是來源於你長年累月地寫作、思考。你用盡了自己能使出的所有力氣，如果還是不行，你也就認了，但寫作是你唯一付出努力就能拿到結果的事，所以你不用怕人生沒有可期盼的，只要認真付出就好。

　　前段時間你看了王小帥導演的《地久天長》，眼淚嘩嘩地流，不是故事多麼感人，而是你永遠也達不到那種敘事水平——那麼隱忍，那麼悄無聲息地撕扯，那才是真實的人生啊，平靜當中暗藏著驚雷，可是日子也得就這樣一天天地過著。你知道你永遠也寫不出來，就像人的出生是帶有基因的，創作也是有基因的。靠情緒創作的你，走不到那兒，而那兒才是你理想之所在。這種「愛而不能」的感覺，也許就是懲罰你在生活中帶給別人的壞脾氣吧。

　　沒有寫作，你也就沒有了根。你不迷茫、不矯情、不拖延的底，都是寫作。

　　你和別人說寫作是一種技能，但是對你來說，寫作是精神支柱，這個柱子垮了，你也就垮了。到目前為止，我敢確認的是應該垮不了，你用了十二年來建造它，它想要垮也沒有那麼容易。

　　還是那句話，我希望你敬畏寫作、珍視寫作。如果你真的懂了這句話，一生實踐的方向就異常明確，就不會懷疑自己，就會很堅定地前行。

　　所有對前途的擔憂，無一例外，是因為沒有懂得這句話，我希望你任何時候都記得。

Hey

蓁依：愛情需要互相給予

這是寫給你的第五封信，今天我們就來聊聊愛情吧。

提筆寫這封信的時候，我的耳邊縈繞著爸爸說了無數次的那句話：「哎呀，我再也沒有見過比小丁更好的男生了。」如果放在以前，你肯定會反駁，但是在一起三年之後，你也認可他是世界上最好的男人那一梯隊的。

有的男人是三個月的好，有的男人是三年的好，有的男人是一直都好。

他給你最大程度上的自由。無論你想吃什麼，想去哪裡，或者想要換個什麼樣的工作，他都全力支持，並且在自己最大限度內配合。如果遇到他不能理解的事情，也不會先反駁你，而是先保持沉默，不理解的

就不表態。

也許在以前，你會覺得這樣的男人好沒有態度啊，怎麼你做什麼他都說「好啊」。隨著閱歷漸長，你才懂得：這就是真正的男人的態度，每一聲「好啊」背後都有委屈、包容和擔當。當他在支持你的時候，倘若結果不好，他知道要擔起責任的不是你，而是他。

前段時間你去深圳談合作，他告訴你：「沒關係，如果結果不好，我找一份收入更高的工作就是了。苦一點、累一點算什麼，只要賺錢就可以啊。」也正是有了這句話，你才會義無反顧地去嘗試你想嘗試的。

你很明白一個道理：在情感關係中，如果一個人有特別大的自由，另一個人的自由度一定會小很多，因為他在給你空間。而「自由」又是你在生活層面最看重的東西，你任性、想做自己，想什麼事情都順著自己的心意來，他用全部的愛來成全你，你才可以義無反顧地去實現自己的夢想，活成自己想要的樣子。

他把你最想要的東西給了你，而你呢？你把他最不想要的東西給了他。

他最想要的東西就是你穩定的情緒吧。然而，對於你的情緒，他也許真的怕了。

你天性敏感，加上寫作的關係，你異於常人的情緒不穩定，

特別愛生氣，很多時候不是你想要生氣，而是你比別人更較真，也比別人更能立刻看清事物的本質。「難得糊塗」，這是我最想跟你說的一句話。你要學著「裝糊塗」，你要學著「遲鈍」，不要那麼「聰明」，不要那麼「一針見血」，給別人一點面子，你的情緒就會穩定很多，別人也會舒服很多。

如果他有時候想偷懶，你就讓他偷懶，而不要去指責他：「你要想偷懶就直說，不要用這種幌子，很假。」站在他的立場上，可能不好意思說「我想偷懶」，只是隨便找一個藉口，大家心照不宣就好，你不必較真。

說句也許別人會覺得吹捧的話，你是一個情商很高的人，但是這句話有一個適用範圍就是：對工作夥伴、合作夥伴、萍水相逢的人、學員、有點關係的親戚等。但你的情商基本不用在最親近的人身上，你太想在親人面前做個孩子；你太想在親人面前肆無忌憚；你太想親人是你自由的溫床，可是，你明知道這是最錯誤的。我寧願你換個位置：對外人都低情商，對家人高情商。

說到底，「情商」對你有適用範圍，是因為你不願和別人打交道。你不喜歡和別人相處，就想一個人待著，這是最適合你的生活方式。但是社會不允許你這樣，所以你從職場上、人際關係上被迫學會了所謂的「情商」，但那個遊刃有餘、對誰都有分寸的你，不是你所喜歡的。

你從來不想做一個人人都讚美的、很有分寸感的你，你想要做一個殘缺的、有衝突的人，你覺得人就應該如此。但是社會不給你機會，你也沒有膽量衝破它，那就一邊兢兢業業地學習提高情商，一邊勤勤懇懇地收穫情商給你的福利吧。

但是愛情需要互相接納，當他把你最想要的自由都給你的時候，你可不可以拿出你的穩定情緒或者高情商給他？憑什麼人家把所有的東西都給了你，你卻不想讓步半分，做人不應該是這樣的。這樣對他不公平，你又怎麼談得上是很愛他呢？

如果你很愛他，就盡力給他最想要的，而不是給他很多他本身沒有期待的東西，即使這個東西你非常難做到，也要盡力地爭取。因為人家也把自己非常難做到的給了你。或許，不是做不到，而是不想做，但如果你不想做，你可能就會失去這份愛。因為兩個人之間只有一個人在付出，他再愛你，也會累的，也會有想要放棄的一天。

很高興，你能想到這些；很高興在過去的一年裡，你身邊的其他人也在變著花樣告訴你這些；很高興你願意負起一點點責任，為了兩個人的愛情。

趁著你們相愛，趁著你們的生活才剛剛開始，趁著你們有著充滿夢想的未來，請一起為愛付出吧。

Hey

蓑依：你的土地需要休養生息

　　我計畫給你寫十封信，這是第六封。正值二〇二一年春節期間，你剛剛從深圳回到老家，換了一座城市，換了一個節奏，正好和你來聊一聊「休息」這件事。

　　前兩天，某平臺做了一個統計，你在二〇二〇年直播了一百四十次，一百六十六個小時。也就是說，平均兩三天就要直播一次，這還沒有算其他的直播平臺。我相信你也很驚訝，一方面，怎麼可以有這麼多的東西想要輸出呢？另一方面，你應該想起了二〇二〇年十月分發生的那件事吧。

　　一天晚上，你在上直播課，上到一半的時候，你看著電腦上的 PPT，突然一個字也不認識了。大腦一片空白，世界彷彿在你面前停滯了，這也是你人生中

第一次遇到這種情況。不過好在幾秒鐘之後，你就恢復了，雖然講起課來明顯感覺不對，但還是挺過了那一節課。

其實，又何止是那一次呢？二○二○年，你有很多次覺得「腦子疼」，高強度的腦力勞動，讓你有些喘不過氣來，導致生理上都出現了反應。但處在那個階段，沒有辦法，只能硬撐，因為一旦你停下來，員工的工作也會停下來。除了堅持，你沒有其他方法。

在那段時間，很多人見到你都說：「你怎麼胖了這麼多？」你開玩笑說：「吃得多，動得少。」但你沒說出口的是，你哪裡有時間動啊？整天都在工作，應對疲憊的唯一方法就是吃，吃碳水化合物能夠讓你快樂一點。

說實話，那段時間應該是你過去三十年最累的時候了。在某個節目組工作時也累，二十四小時幾乎不睡覺，但那種累是大家一起累，出了問題有一個團隊在幫你；現在是所有的事情都由你自己來做，出了問題也得自己來扛，壓力不在一個層級上。

好在你去深圳過了三個月。從整個事業發展的角度上說，去深圳這三個月沒有多少意義，但是從你整個的成長節奏來說，去深圳是非常正確的選擇。

也許是因為住的地方不在深圳市中心，導致你感受到的整個節奏都是慢的，遠比在北京要慢。因為這種慢節奏的氛圍，你也

在調整自己的事業節奏，把不需要的業務砍掉，工作上的事各都收緊、匯聚，你度過了一段很舒服的時光。

在深圳的三個月裡，你只開了三、四場直播，還不如過去一週開得多，禁不住給你點個讚：也許別人覺得你偷懶了，但你知道這是休養生息。所有人都關心你跑得快不快，賺了多少錢，只有自己和非常親近的人才會關心你累不累。

昨天晚上你看了一段採訪，自媒體人徐老師說了一段話，特別打動你。他說：「人要休息，本質上其實是『地』要休息，就好像農民種地一樣，農民必須休息，因為『地』是需要休息的。你不能每時都在上面耕種，你得給它一個『養』或者說『恢復』的時間。」

現在網路上人沒有「地」，到處都是機會，可以隨意開墾，也就不用休息了。就像你一樣，你其實是可以不用休息的，因為每個月都可以招收學員，這一批學員走了還有下一批，只要想開墾這塊地，就一定有作物會長出來。這是錯誤的觀點，因為你的「地」或許不需要休息，但是你的身體需要休息。

有時候靈魂跑得太快，身體會跟不上。二〇二〇年，你身邊的好多人都說你特別容易感冒，而且明顯感覺精力跟不上了。可不是嗎？快三十歲的人了，身體真的開始吃不消了。前兩天，你向媽媽吐槽你的跳繩技術很差，媽媽說了一句啼笑皆非的話：「那是因為你年齡大了，就不適合跳了，像我五十多歲，一個都跳不

起來了。」雖然這句話值得商榷，但確實也是從一個角度展現出身體一點點在衰退的跡象。

你身邊很多創業者都在瘋狂賺錢，拚盡全力去實現自己的價值。但是你現在想明白了：人生就是一場持久戰，事業也一樣，你想要打得久，而不是打得快。你想要幹一番事業，而這個事業沒有一、二十年，是看不到結果的。既然如此，你就慢慢地、穩穩地來吧。

很開心看到你每天放下手機，大量讀書，像渴了很久的人一樣，給大腦輸送能量；很開心看到你開始做一件事，而不是很多件事，並且在這一件事上投入了過去用於好多件事的精力；很開心看到你不在乎別人的節奏，無論他人怎麼賺錢、怎麼拚搏，那是他們的事，你有自己的節奏，只要你覺得舒服，就是最好的。

很開心，在你離開自己很久之後，又回來了。

Hey

蓑依：永遠自律，永遠自由

　　轉眼要給你寫第七封信了，好快啊。寫這封信的時候，是臘月二十六，離過年還有四天。昨晚你又是到了凌晨三、四點才睡著的，中午吃過飯之後，就坐在書桌前寫文章。

　　不知道你坐在書桌前的時候，有沒有一眼萬年的感覺。在這個白色的書桌前，你寫了九年了。昨天爸爸說起你們搬到這個房子裡已經九年了，沒錯，你也在這裡寫了九年。幾乎每一個回家過年的日子，你都是在讀書、寫作、看電影中度過的，幾乎沒有社交活動，也懶得熱絡，就一個人待著。

　　身後的書架上，擺著你寫的四本書，而你此刻在寫你的第六本書。時間真的太快了，誰能想到這九年的時間，你從一個大學生「寫」成了創業者呢。的確

是「寫」成的，你現在所有的收入、讀者、驕傲都是「寫」出來的。你寫壞了兩臺電腦，寫了幾百萬字，寫成了三十歲很滿意的自己。

前幾天有個編輯想要約你出一本關於自律的書，你欣然接受了可以非常堅定地說，你就是一個超級自律的人。而這個自律，在很大程度上是寫作帶給你的。日復一日的寫作訓練，讓你能夠瞬間安定下來，進入到「自我學習」的空間中。

有時候為了蒐集素材，你晚上會看一些文化類的綜藝節目，如果有一架攝影機拍下來就好了。那個畫面是：十點，你一邊用電腦放著綜藝節目，一邊拿著筆在本子上記著裡面能夠給你的寫作提供素材的內容，而這樣的時刻，幾乎每天都有。所以有時候你聽到別人連蒐集素材的工作都不做，會覺得特別可笑，甚至很想說一句：「你連寫作的門都沒進入呢。」這不是趾高氣揚，而是對寫作、對自律的敬畏——它沒有那麼簡單，需要日復一日地成為肌肉記憶。

一天，你看了記者採訪許知遠，他問：「你做《十三邀》採訪了那麼多人，會不會讓你的思考有了更寬的領域？」許知遠的答案給我的印象極為深刻，他說：「我的思考不是來自採訪，而是來自寫作，我都是在寫作中完成思考的。」寫作人的高度自律就是保持著對「思考」的勤奮，這也是這麼多年我最受益的部分。很多時候寫作不是為了發表，也不是為了讓人拍手叫好，只是我

必須每天思考，不思考的一天，沒勁。

我也有讀書的習慣，在讀書上也非常自律，最差的情況是一週讀兩本書，但卽便如此，我必須承認：寫作的自律遠比讀書有效、辛苦。輸入總是簡單的，是被動中加一點主動，而輸出總是難的，基本上就是一個完全主動的過程。因此，幾乎沒有一個作家是不自律的，這也是你有那麼多以爲自己愛寫作的學員，對此你很存疑的原因所在：如果你都不是一個自律的人，何談眞的熱愛寫作？

自律的背後是對生活的絕對掌控權。你對生活是否有話語權，是否有安排的能力，都基於你是否對自己有管理的渴求。有些人說，自律對自己太苛刻了。大錯特錯，自律的背後是眞正的自由，是你會拒絕不合適你的，是你會把最重要的優先完成，是你給出合適的時間讓自己舒服地休息。自律不會讓時間變短，而是會把時間變長。

你眞的要好好感謝寫作，它帶給你的自律特質，又延展到了讀書和運動上，也形成了很好的習慣。今年都因爲受疫情影響，你只能居家運動，還保持著每天五千次跳繩，不爲別的，因爲不運動就不舒服，你內心是堅信必須要管理好自己的身體和精力的。

所以，你的經驗是：不要空談自律。每天早起、早睡、讀多

少頁書，都不能算是自律。

自律是你在一件事上能堅持下來，也得到了優質的反饋，然後再推及其他領域。絕對不是東邊一下、西邊一下，堅持幾個月那麼簡單。

能做到自律的人少之又少，沒有各個平臺上宣傳得那麼多，那種膚淺的堅持充其量只是給自己「打雞血」而已。

真正自律的人，都在你看不到的地方，孤獨地、快樂地成長著。

Hey

蓑依：別逃避悲傷

這是我給你寫的第八封信，今天我們來聊聊悲傷、痛苦、難過這些不那麼讓人覺得舒服的方面。

一天晚上，你讀書時看到阿嘉莎・克莉絲蒂的一句話：「當我們安然走過這世界，才能明白，人生來為了喜悅，也為了悲傷。」這句話擊中了你的內心。是啊，過去一年你一直想要的只有快樂、喜悅、興奮，總是下意識地拒絕接受任何悲傷的事情，唯恐避之唯恐不及，可是，這真的是合適的嗎？

悲傷和快樂如同一個人的雙臂，你為什麼要自斷其臂呢？其實當我發現你有這個習慣的時候，我是特別失落的。你知道作為一個寫作者，很重要的一點就是對悲傷的咀嚼嗎？不是矯情地沉浸其中，而是能從中思索出一點人生的況味來，可是你卻在漸漸地忘掉

這件事情，多麼遺憾。

如果說對新的一年，或者三十歲之後的你有什麼期待的話，我希望你全然接受悲傷，就像接受你有兩隻手臂一樣，大大方方。

接受悲傷，意味著你清楚地明白，你不是一個完美的人，你有很多缺陷，也會給人造成傷害。你一直不希望別人認為你是一個完美的人，這不正合你意嗎？你就是會做很多錯事，會犯很多錯誤，會讓很多人對你失望，這太正常不過了。不要想著去遮掩，也不要想著被捆綁，接受這些暗色的部分，你的光亮才會更耀眼。

接受悲傷，意味著你不再只關心別人得到的而你失去的。我看到過一句話：「多數人悲傷，不是因為自己失去了，而是因為別人得到了。」接受悲傷，就是接受日子是自己的，偶爾也可能會豔羨別人的生活。沒關係，羨慕也是人生的一部分，去羨慕、去悲傷、去失落，但不過分放大。累的時候就回過神來，看看自己，好像也還有不錯的工作、不錯的房子、不錯的戀人，悲傷就會在可控的範圍之內。

接受悲傷，意味著不再內耗。英國悲傷治療心理學家茱莉亞・塞繆爾說：「真正傷害著一個人和一個家庭甚至一代人的，並不是悲傷所帶來的痛苦，而是他們為了逃避痛苦所做的事。」

真正的悲傷不會帶來痛苦，反而是逃避悲傷更痛苦。失戀不會讓你太過痛苦，反而為了避免失戀所做的事情，會讓你更痛苦。二〇二〇年，你本來可以斬釘截鐵做的一件事不會讓你痛苦，反而是持續糾結了半年，痛苦翻倍，持續內耗讓你非常疲憊。

接受悲傷，意味著你清楚地明白：人生沒有什麼是過不去的。悲傷並不可怕，悲傷總會過去，你躲避它，是因為你擔心這個坎邁不過去。放心，親愛的，時間會讓一切得到解決，更何況人生難得糊塗呢。

接受悲傷，意味著你懂得：悲傷如常，就是人生。在電影《終極追殺令》中，瑪蒂達問里昂：「生活是不是永遠艱辛？還是只有童年才這樣？」里昂回答：「會一直如此。」別逃避，別躲藏，藏也藏不了。二十歲有二十歲的悲傷，三十歲有三十歲的悲傷，一般來說，年齡越大、經歷越多，感受到的悲傷就越大，眾生皆苦，如常而已。

我相信從你的文學審美中，會懂得悲傷是更有質感的東西。既然終究要發生，就坦坦蕩蕩地接受它、擁抱它。

你要記得：悲傷更能讓你接近自己。不願你更悲傷，願你遇到悲傷時，大大方方地打個招呼，畢竟還要一起面對生命漫長的歲月，誰也別盲目自信。

Hey

蓑依：你想要一個怎樣的家？

要寫十封信給你，現在是倒數第二封了。正值二〇二一年的春節，我想和你聊一個可能現在距離你有點遠，但是你已經想過很多次的問題：未來，你想要一個什麼樣的家？

最近你剛從深圳搬回北京，面臨租房子的問題，幸運的是朋友給你推薦了一個特別好的選擇，精緻程度堪比樣品屋。你非常喜歡，戶主也極力推薦，你看了影片之後，對男朋友說：「我們之後裝修也按照這個風格來，一比一臨摹都沒問題。」只是，你停了一下說，「不對，我們得有一個書架。」

對，沒有書架的家，不是你的家。去年你們搬入了一個新房子，當時男朋友花了好幾天時間給你組裝了一個書架，把你的書妥妥地安放上去，他覺得你就

應該有一個書架。回想起來，這份「懂得」你也是應該感恩的。

我為什麼今天想寫這個話題了呢？剛剛喝茶的時候，你算了算這個月寫了多少文字。這個月過去不到十天，你讀了十多本書，寫了四、五萬字。你想，到底是什麼讓你能夠安靜下來寫東西呢？你找到的答案是：家庭氛圍。

你的家庭挺無趣的，一日三餐大家聚在一起吃，然後各自回到自己的房間休息。弟弟在房間裡打遊戲；爸爸開著電腦學習如何維修電路，這是他最近想要學的新技能；媽媽偶爾打掃房間，或者出去社交；你在房間裡看書、寫東西。一家人很可能一下午都說不上一句話，這樣的日子，你們一過就是幾十年。

但就是這樣的日子，給了你極大的空間。你的房間和客廳一牆之隔，但是客廳裡沒有電視機的聲音，沒有聊天的聲音，只有茶葉沸騰的聲音，這種安靜給了你極大的自由。

未來如果你有一個家，這個家不應該是熱絡的，應該是每個人一個房間，去做自己想做的事情，互不打擾，也不為了表達關心而刻意寒暄。在家裡每個人都是親人，但也都帶著自己的小宇宙在生活。

除了每個人一個房間，家裡剩下的就是書架。也許孩子不喜歡看書，也許有一段時間你也不太想讀書，但是書必須在你的家裡。有書的地方，人就容易靜下來，人就容易變得更好。

在農村出生，幾乎百分之九十九的家庭都是沒有書架的，甚至沒有一摞書。如果他們願意讓我給他們一些建議，我會說，去買一些書擺在那裡吧。就算是當作裝飾，也好過沒有。說到裝飾，我真的沒見過比書更好看的裝飾物了，書脊之美，是至美。

也許有人會說，你們在北京生活啊，既想每個人有一間自己的房間，又想要一個大書架，怎麼可能？怎麼不可能！即便北京的房價很高，愛讀書的人一定有能力買下屬於自己的書架和房間。退一步講，即使是租房，也能完成這個心願。書是我確認家的標誌，有了書，在哪裡住都一樣。

我的讀者基本上都是愛讀書的人，可是我做過一個調查，在家裡有書架的人幾乎不到百分之二十。理由是搬家太麻煩了，現在都讀電子書了……只是人不應該只看到眼前，還應該看到未來對孩子的影響；不應該只看到具體的東西，還要看到潛意識對孩子的影響。當你批評你的孩子不喜歡讀書、只知道玩手機的時候，先問問自己：有沒有給孩子買一堆書，並且擺在書架上。

別把書藏在櫃子裡，大大方方地擺出來，書架上、書桌上、床頭櫃上，沙發上……我很喜歡主持人王芳的育兒方式，她就隨意把書散在地上，孩子讀完了就收起來放在書架上；讀不完就散在地上，走起路來是有點麻煩，但是書是和孩子待在一起的呀。

無須敬畏神明，敬畏書就好了。

Hey

蓑依：你要相信三十歲的人生更精彩

這是給你寫的第十封信。寫完這封信，想對三十歲的你說的話，基本上就說完了。

從某種程度上說，你很滿意現在的生活：有愛人，在喜歡的城市裡打拚，做著自己喜歡的事業，還有不錯的生活。昨晚和高中同學一起吃飯，你們都驚歎：從二十歲到三十歲這十年的變化好大啊。

可不是嗎？這十年，你們考上大學、大學畢業，考上研究生、研究生畢業，走進職場、跳槽，人生各種「躍遷」式的經歷都發生在這個階段。你聽到同學說，三十歲之後人生可變化的東西就少很多了。你心中某個地方咯噔了一下，你不相信：憑什麼過了三十歲之後的人生就會進入某種程度的「靜止」狀態呢？三十歲之後的人生難道不能更精彩嗎？

我感受到了你內心的熱情——不滿足於現在的生活，你就是要「折騰」。人就活一輩子，就像寫一部小說，你要讓這本小說都是跌宕起伏的情節，而不是後半部分只有大段的抒情。

同學談起非常羨慕一個同學——他們在上海安了家，住著大房子，開著很好的車，而且兩個人都是公務員，有著穩定的工作。按照同學的評價是：「越老越值錢，過二十年再看看，人家不知道能到什麼職位呢？」你順嘴說了一句：「我覺得她本應該比這還要好。」又補充道，「當然，一切都以她開心最重要。」

這是別人的人生，你怎麼可以直截了當地給出建議呢，本來就是冷暖自知的事情。但換作是你，一定不會過這樣的人生。因為不同職業經歷的豐富性以及所感受到的生命力是非常不一樣的，你想體驗那種靠自己從無到有的過程。這也許是所有文藝青年內心深處的一個渴望吧。

一個同學說了一件特別有意思的事。他說這幾天正在看你的第一本書，裡面提到的很多故事都是關於大學入學考試的、讀大學的以及考研究所的事，其他的基本就沒有了。你說今年出版新書之後再送給他一本，他會看到你在工作中是如何摸爬滾打的，如何跳槽的，又是如何開啟「不知天高地厚」的創業之旅的。所以，你很希望等五年、十年、二十年之後，再出版無數本書的時候，可能有本書是展示你在國外生活的，有可能是去做公益的，也有可能去做了一個你現在想像不到的職業。

總之，你就是追求極大的豐富性，甚至不需要深刻，因為「豐富性」本身就是你的生活。生活有各種色彩和姿態，不需要深刻，走馬觀花也是可以接受的，就像你的人生中有很多小牌牌，上面寫著「到此一遊」。

　　這種「豐富性」背後的東西是非常累的，你要不斷面對未知，不斷去和新鮮的事物相處，甚至不能按照多數人的生活軌跡來走。但所有的事情不都是有捨才有得嗎？你想要豐富性，就要接受這種累。換句話說，這就是你的宿命，你不接受也不行啊。因為這是你的快樂所在。

　　我總覺得三十歲的你剛剛開始生長出一點點小芽，我很期待你四十歲時的樣子。但那張臉我怎麼也想像不出來，想像不出你在做著什麼，和什麼人生活在一起，有沒有孩子，還是這樣對「豐富性」強烈痴迷嗎？

　　這個想像不到，應該就是最好的想像。

　　祝你快樂！願你在體驗豐富性上不管有多累，都記得這是你的選擇，你要接受它，然後變得更快樂。

第六章

質感寫在了 你的臉上

Hey

想要減肥的女孩

　　國慶日放假回家，所有人見了我的第一句話基本上就是：「你怎麼瘦了這麼多？」長輩們會接著說：「多吃點啊，太瘦了容易生病。」而年輕人則會充滿期待地問我一句：「你是怎麼做到想胖就胖、想瘦就瘦的？」

　　很多人都只是看結果的，看不到過程，也沒必要看過程。所以，我每個月健身二十天以上且持續十個月的過程大可被他們忽略不計。減肥當然是有祕訣的，而且只有一個祕訣，那就是堅持。如果你喜歡跑步，堅持跑步就是了；喜歡快走，堅持快走就是了；喜歡瑜伽，堅持練瑜伽就是了。一個月沒有效果，就三個月；三個月沒有效果，就半年；半年還沒有效果，就十個月。十個月不可能沒有效果，而且很可能你已

經脫胎換骨了。

最近一年，我常說一句讓人覺得不可思議的話：「減肥特別容易。」是真的很容易，選擇任意一項你喜歡的運動，規律地堅持下去，就一定可以減下去的，幾乎不存在減不下去的情況。但是就像所有的事情一樣，開始都是容易的，越走會越難。減脂是容易的，但是後面的塑形和增肌會越來越難。

對於很多人來說，減脂就是最終目標，所以只要堅持就可以做到，而後面的塑形和增肌，除了堅持之外，還需要更多科學的知識，比如科學的飲食搭配；對肌肉的相關了解；保持良好的睡眠等。總之，這是一門學問，是那種需要你查很多資料、記很多小 tips 的學問。

也是因為健身，突然有一天我想明白了很多事情。我一直對自己說要做一個特別的人，一個很厲害的人。可是怎麼做到呢？心裡沒底，直到陰差陽錯地開始了健身，才找到祕訣：很多人連堅持都做不到，如果你已經能做到堅持，並開始往後走，那你就已經不錯了。

如同寫作，在最開始的時候，就是堅持每天寫就好了，當我的 Blog 連續更新一年多之後，關注量就開始呈幾何式增長了。但是後面更難的事情出現了：如何找到不同的選題？如何找到新的方向？如何讓輸入跟得上輸出？對於喜歡寫作的人而言，前面的

堅持還沒做到呢，每天想的就是後面這些事情，本末倒置了。

閱讀也一樣，開始的時候，就堅持讀、隨便讀就是了，當你讀完一百本書的時候，才有資格想後面的事情；工作也是一樣的，很多人說做電視節目需要創新，需要靈感，需要儲備，但其實開始也不過是「堅持」兩個字，堅持看節目，堅持做節目，堅持比別人多找一些選題而已。

我有一個很不成熟的想法就是：任何不能減肥成功的人，無外乎就是做不到堅持的人，除非根本不想減肥，覺得現在的身材可以接受。很多人說減肥是技術活，不，別誇大它。減肥就是體力活，是一件不需要動腦子就可以做到的事，邁開腿，每天都邁開腿，準沒錯。「技術活」這個詞是個幌子，是減肥產品的幌子，也是肥胖的人給無法堅持的自己找的「幌子」。

Hey，女孩，我從來都不認為瘦就是美，瘦就是唯一的審美標準，但是我很希望你在自己的身體上精進一些。我們花時間精進自己的頭腦，為什麼不花時間精進自己的肉體呢？我知道你想要成為一個更好的自己，而這個「更好」必須先「堅持」才能完成進階。

「堅持」一定是上天給予我們的禮物，幾乎任何想要得到的東西，透過它都可以得到。

矯情的女孩

　　某天在老家翻書櫃時，在角落裡突然看到了一本塵土很厚的詩集，是我二十四歲時出版的。如同這本書經常被我遺忘一樣，我寫詩的那段經歷，彷彿也不曾有過一樣。

　　翻開扉頁，看到一首首詩歌的題目時，第一個感覺是羞愧難當，〈撫摸一粒麥子的憂傷〉、〈油菜〉、〈疼痛之花〉、〈我想給每朵花兒命名〉等，一聽就特別矯情，撫摸一粒麥子憂傷個什麼勁啊？疼痛真的會開出花朵嗎？給每朵花兒命名太徒勞了吧？

　　可是，緊接著——真的羨慕那個時候的自己啊。那年外公去世，去參加了他的葬禮，回來之後，我一邊哭一邊寫下「一路的紙錢、米湯，滲進土地，在主人到達之前，尋到通向天堂的捷徑」；冬天家裡沒有

暖氣，裹著被子看窗戶上的冰花，寫下了「它像是處女，無時無刻不帶給人黏稠的誘惑，鏡前霜花，來來回回地驚豔」；在快活的春天裡寫道「一想到春天，我就要吹口哨，和這位風騷的小娘子調情」……眞的，再也寫不出這樣的詩句了。

談戀愛的時候，我特別矯情，習慣性說一些特別肉麻和煽情的話。閨蜜經常諷刺我「多大的人了？還這麼矯情」，有時候我也會想：是不是我太追求愛情的純粹了，矯情是不是只有小女孩才能有的狀態？直到看到這本詩集，我才告訴自己：珍惜自己的矯情，因爲矯情是有期限的。

我再也不會花時間盯著一朵花看，只盯著手機和電腦；我再也不會撫摸一把扇子和梳子，只會握緊拳頭，握著什麼都沒有的勇氣往前衝；我再也不會一邊哭著一邊調適心情，不能流淚，不能給自己軟弱的機會，怕自己垮掉。我被生活磨練成了一塊堅硬的石頭，矯情是縫隙，我得藉著它喘口氣。

看一次《可可夜總會》哭一次，不是因爲這部劇對死亡有多麼動人的描述，而是看著一個個骷髏的卡通形象，就止不住地哭，人的本質就是一具骷髏啊，朋友說「越看越孤獨」，我說「正是因爲孤獨，才會讓那個小孩成爲小孩」，然後眼淚就又止不住了；朋友說「你要是想哭，就緊接著去看《快把我哥帶走》吧」，我鬼使神差地去看了，又是一通哭。看前面的情節時憋著沒哭，直到看到哥哥和妹妹要分開，哥哥囑咐繼父關於妹妹的生活注意

事項時，我控制不住了，又是一次淚流滿面。等看到妹妹說「你把我丟了」時，什麼也不管了，號啕大哭。

這事特別矯情，按照我弟弟的話說「你都『奔三』的人了，怎麼還這麼少女心」，可是我很想抓住這些「矯情」不放。什麼樣的人才會矯情？內心柔軟的、自由的、不害怕的、有安全感的。我知道「矯情」是個貶義詞，但不得不承認，所有「矯情」的人，其實都在某種程度上像個小孩子。

之前每次在微信朋友圈裡看到別人深夜發的各種矯情句子，都會覺得「幹什麼呀，不就那點事嗎？天亮了，就後悔得想要刪掉了」，但現在我很羨慕那些還可以發矯情句子的人——至少他們在那小段時間裡，嘗到了人生的甜。

Hey，矯情的女孩，請繼續矯情下去、任性下去。時間很公平，在這裡給你多一點，勢必會在其他地方少一點，既然如此，就一下扎進去，大口呼吸，把濃度極高的喜怒哀樂都吸進去，管它世界紛擾，你開心就好。

就像那個比我還矯情的朋友，此刻發給我一首他的詩：

悲傷時／唱首歌吧／如果還悲傷的話／就別唱了

太矯情了，可是我喜歡。

Hey

果斷說分手的女孩

　　最近的生活重心全部圍繞著閨蜜進行，男友向她
提出了分手，不能接受現實的她開始一蹶不振，隨時
隨地地哭，整宿整宿地睡不著覺。我想了無數種方法
去安慰她，但出發點只有一個：這樣的男人有什麼可
留戀的？像丟垃圾一樣多好啊。這就是我，一個對分
手果斷得不被別人理解的人。

　　雖然經歷的戀情不多，但每次感覺不合適了都是
我先提出分手。走不下去了，分手是最好的處理方式，
各自開始新的生活，相忘於江湖多好啊。如我所願，
每次分手也都乾淨俐落，沒有糾纏，很少陷入回憶，
就像沒有發生過一樣。直到我遇到現在的男朋友，在
熱戀期時，我依然果斷地提醒他：「親愛的，如果有
一天你不愛我了，記得告訴我哦！」這對我來說，是

一句張口就來的話，不愛了就分開啊，有什麼不對嗎？男朋友沉思了好久之後，回答我說：「你為什麼要這麼問啊？我很難說出這句話吧？」在我眼裡，男朋友是一個很直接的人，很少有事情可以勉強他去做。這個時候，我突然就在想：到底是什麼原因，讓我成為一個對提分手這麼果斷的人？

後來，男朋友在另外一件事的態度中，幫我找到了答案。

一次，我和前同事吃飯，他和我的關係特別好，我每年的生日他都記得，並且會第一時間精心準備禮物，我們知道彼此很多不能和外人分享的祕密。但就算這樣的關係，在同一個城市，分別兩年了，也才見過兩次面。他說：「我每次來找你，你都在忙，可是當你有空的時候，你卻從來不主動找我。」是嗎？我從來沒有主動找過他嗎？翻我們倆的聊天記錄，他的對話在左側生龍活虎，而我在右邊冷冰冰地以各種理由拒絕。是的，兩年之內，我從來沒有主動找過他。他看我有點不高興了，開玩笑地說：「沒關係呀，我會一直纏著你的。你不來找我，我還會繼續找你的。」

聽到這裡的時候，我有點想哭。我把這個細節分享給男朋友，他沒有給我留一點面子，用他很直接的態度說：「原因一句話就可以說明——你在這方面很自私。」雖然聽到「自私」這個詞的時候，我很難堪，但真的痛心了。

在感情方面，我的確是個自私的人：從來不主動去聯繫朋

友，除非有事情需要解決；分手時，從來不會考慮對方的感受，只聽從自己的理智；在親情中，我爸有一次說「你是一個沒有感情的殺手」，我以為這是玩笑話，其實不是的。我對友情沒有渴望，對愛情斬釘截鐵，對親情缺少關懷。我曾經以為這一切都是因為我內心強大，一個人也可以過得很好，事實上這都是藉口，我心裡只裝著自己。

承認自己自私，是一件非常難、但必須面對的事，同時，承認自私，在某種程度上也就承認了自己是一個功利的人。感情很縹緲，沒辦法衡量，不像成績、職位和利益，有衡量的標準。很多時候，你在感情上努力，並不能得到同等的回報，換句話說，感情這事是否有回報和你是否努力沒必然聯繫，所以就放棄了。這多麼可笑啊！等到生命的最後，你回顧自己的一生時，會發現：榮譽、地位、金錢，你全可以不在乎；真正讓你牽掛的，都是有情人。

也許，未來我還是想一個人待著，不想有很多的朋友，但我希望你知道：當別人聯繫我時，也可以試著去聯繫一下她，沒有什麼目的，不祈求有什麼結果，就是給予對方放在心上的感覺。

也許，以後遇到不合適的人，我還是會提出分手，但我希望我能做到：為對方多考慮一點。即便是分手，也要考慮時間、地點，給他一個接受的過程，畢竟我們用漫長的時間愛過，結束也需要被認真對待。

也許，以後我和家人的聯繫依然不會特別頻繁，但我希望我能在每一個想起他們的時刻，給他們打個電話，說幾句自己的近況和對他們的問題，讓他們知道被惦記。也希望我能從心底真正接納他們給予我的一切，帶著愛、感恩往前多走一走。

我想，以後我不會再對一個對於前任戀戀不捨的人趾高氣揚地說：「你怎麼就放不下呢？他有什麼好的呢？！」

放不下就慢慢放，別讓她著急。

愛從來都不是線，可以說斷就斷；愛是臍帶，我們即便分開，也是血脈相融。

別做一個薄情的人，人間或許不值得，但感情值得。

Hey

想要辦婚禮的女孩

　　很難想像，我到了二十九歲才第一次參加婚禮，而且更難想像的是，我第一次參加婚禮，是以工作人員的身分參加的。我的好朋友笑笑想辦一個演講婚禮，因為我是做演講節目出身的，所以很自然地成了這場婚禮演講內容的總策劃。於是，在婚禮現場，我忙前忙後，但還是被感動得熱淚盈眶。

　　在這場婚禮中，最讓我感動的不是新郎與新娘的愛情，而是每位演講的親友為這次婚禮所做的努力，每個人都認認真真地寫了演講稿，而且根據我的建議改了又改；在繁忙的工作之餘，熟記稿子；到了婚禮現場，一遍遍地彩排，有的親友因為第一次演講、緊張，臉上、手上都是汗。他們都是商界大佬，當在現場看到他們像小學生一樣，死記每句話、每個手勢的

時候，說實話，我很羨慕新婚夫婦能有這樣的親友。如果讓我來做一場這樣的婚禮，不知道能不能邀請到這麼多的至愛親朋。

我是一個從來沒打算辦婚禮的人，因為不知道婚禮的意義是什麼。

我沒有公主夢，也沒有婚紗情結，節目做久之後，如果說非得讓我辦一場婚禮，我會覺得它對我的意義是，我為別人做過那麼多場大型的活動，那這一次為自己辦一場活動，沒錯，是活動，把物料、人員、設計等都做到最好的一場活動。

不知道我這樣的「意義」會不會衝擊很多人的神經？我希望如此。我希望讓大家意識到婚禮可以有無數種樣子、無數種定義，並不僅僅是形式的變化。你的婚禮可以由你來定義，它可以是一場野餐，可以是一個夜店派對，可以是一場煙火，無數種樣子等著你來創造。女孩子們總愛說「我想要一場不一樣的婚禮」，可是到頭來，你會發現大多數婚禮都一樣。既然一輩子只能有一次，既然你那麼珍視，為什麼不多花些心思呢？

我的朋友笑笑做的這場演講婚禮，其實是把自己可以當主角的機會讓給了別人，讓別人在自己的舞臺上綻放光芒。這和她平時的社交習慣是一樣的，她從來都是為別人著想得多，傾盡全力想把別人往好的方向推一把的人。誰說婚禮只能自己是主角？當你把這點想明白的時候，也許你心目中婚禮的樣子也變了形。

也許有一天，我會改變主意，辦一場婚禮。我不知道它是什麼樣子的，唯一可以確定的是，它一定不是親朋好友聚在一起看著我倆舉辦儀式。

Hey，想要辦婚禮的女孩，你比我堅定多了。當我還在猶豫是否要辦婚禮的時候，你已經決定了。既然決定了，就打破所有的偏見、固執，去做一場天馬行空的冒險。在這場冒險中，也許你才能真正看清你所理解的愛情的模樣。

Hey

敏感的女孩

　　人和人之間關係的突變，可能只是源於一件不經意的小事，比如我和我的前任主管。

　　在很長一段時間內，我對他談不上喜歡，但也試不上討厭，交代的事情認真去做、及時彙報，不耗費任何多餘的情緒。直到有一天，在節目的錄製現場，臺上的選手因晉級失敗哭得一塌糊塗。我站在臺側，看著臺上的一切沒有反應，這時，他淡淡地說了一句：「你們這一屆編導真是不認真。」我問：「為什麼這麼說呢？」他有些怒其不爭地說：「之前的編導，看到選手在臺上哭，自己也會哭得稀里嘩啦。因為他們對選手付出了情感，真心撲在這個選手身上，而你們無動於衷，是因為你們沒有認真做一個『選手』。」

　　聽到這裡，我沒有說一句話，雖然很想辯論一番，

但知道無用，也就罷了。也就是從這個小對話開始，我和他之間的關係開始改變，還是在他的領導之下，只不過我換了一種態度。畢竟以選手淘汰是否痛苦來揣測我們是否認真的主管，有點可笑。

他不知道的是，那些看到選手在臺上哭，自己也會哭的編導，在日常工作中遇到一點小事，也是會這樣做的。同事說了一句不客氣的話，哭；工作沒做好，哭；不哭的時候也有，同事關係的一點風吹草動就夠他們琢磨好多天。換作我是主管，我更願意找一個理性的、情緒穩定的人合作，而不是找一個過於感性的、陰晴不定的人。

是的，我很討厭對生活敏感的人。很多人看到這裡也許會說：你不是作家嗎？作家不應該是對生活敏感，才能看到素材的嗎？沒錯，寫東西需要敏感，敏感於內心的變化，敏感於別人看不到的微小變化，敏感於人性的正負交換，但這種敏感止於精神層面，都是在思考的角度上敏感的。即使是一個寫家長裡短的電視劇的作家，生活中也絕不是一個家長裡短的人，我們習慣於用旁觀者的視角去觀察。「很多事情外人看得更清楚」，其實就是這個道理，如果一個作家不是「外人」，而是「內人」，他一定看不到自己想要看到的。

我討厭對生活敏感的人，因為對生活的家長裡短敏感不但是沒用的，而且是傷害自己的。每天我打開微博，私信裡面的負能

量如果用一句話概括就是：真是太敏感了，這根本不是事啊。大學室友今天說我壞話了，怎麼辦？別說是一句壞話了，十句又怎麼了，張口就來的、不負責任的話，睡一覺就可以忘記的；男朋友好幾次沒回我訊息怎麼辦？是不是他愛上別人了？本來沒有這回事，但當你敏感地查勤，敏感地揣測他，也許就真的有了；同事們今天中午出去吃飯，沒有叫我，是不是在背後議論我呢？還是我不小心得罪他們了……

心理學上有一個專有名詞叫做「鈍感力」，一個大眾化的詞，意思是你對一些事情「遲鈍」，或者視而不見的能力。保持鈍感力，其實是保持自我的清潔；保持鈍感力，才能有時間、有精力去做一些對自己真正有意義的事情。

我曾經採訪過一位事業很成功、家庭也很讓人豔羨的女士，按照當時的臺本流程，必須要問的一個問題是：「作為事業型女性，你是怎麼平衡家庭和事業的關係的？」她沒有說一些取巧的話，也沒有說空話，而是很認真地看著我的眼睛說：「小姑娘，平衡任何事情都是需要方法和技巧的。就像你在天平上放東西，如果不動腦子，它怎麼能平衡呢？她說了好幾個方法，第一個就是訓練自己的鈍感力。老公的抱怨、孩子不合理的要求、父母的嘮叨，要練習屏蔽它們，當你把這些東西屏蔽掉的時候，就可以用更多的心力去愛他們，而不是用大部分的心力去處理這些無關緊要的事，很多家庭在這方面是本末倒置的。」

那個時候，我還沒有意識到鈍感力的重要性，直到有一天，我成了一個管理者，有了自己的團隊，尤其在基本都是女性的情況下。每天都有各種各樣關於下屬的訊息傳到我這裡，不外乎她人品不好啦，她在外面接私活啦，她又有小心機啦……最開始聽到這樣的消息，我會很氣憤，想著如何去溝通和解決，花費了很多的心力之後，發現問題不但沒有解決，而且相關的訊息越來越多了。這件事告訴我：領導者把注意力放在哪裡，大家都會相應地把努力的方向轉移到哪裡。比如在乎團隊的關係和諧，大家就都去關注這個方面了。但其實工作團隊的首要任務，就是把項目做好。當我把這個問題想清楚的時候，就迅速把團隊的注意力拉回工作上，即使那些問題還存在，但並不影響項目的正常運行。

成大事者，不糾結，也不敏感。我總愛說：「當你想得更遠、看得更多、格局更大的時候，你的頭腦就會自動啟動篩選機制，會把雞毛蒜皮的小事過濾掉。」

這是一件需要付出能力、持續訓練才能做到的事，也是人生修行的一門功課。敏感的女孩，也許你現在還沒在這個課程裡，但沒關係，這個課程的門隨時都向你敞開，也許是你自己走進去，也許是別人把你推進去。

Hey

一心只想賺錢的女孩

隨著年齡的增長，聽到最多的話就是「一定要多賺錢啊」！失戀了，多賺錢就好了；三十多歲沒有結婚的人會說，等過了三十歲，就不想談戀愛了，光想著賺錢；結婚之後也一樣，兩個人一天可能見不上面，只為了賺孩子的奶粉錢。

賺錢當然重要，用我同事的話來說：「如果不賺錢，你在北京都不敢出門，出門坐地鐵都得花錢。」然後他又自我反駁道，「不、不、不，你連門都沒有，房租都付不起。」賺錢的重要性不言而喻，連我那小外甥每年過年時都會翻翻我的口袋，想要找錢買零食。

可是，賺錢什麼時候到盡頭呢？賺多少錢才能滿足呢？這是我最近經常思考的問題。畢業之後的兩年

半裡，我幾乎把所有的時間和精力都放在了工作上。即便是談了男朋友，連約會的時間都很少，只能在地鐵口附近的餐廳匆匆見一面，這樣的結果是：錢確實沒少賺。

最近一兩個月，公司沒有項目，突然閒下來的我想到的第一件事竟然是，不行，我得換工作，我不能接受一兩個月都沒有事情做，我不能停止賺錢。第二件事是，我簽約了一年的新書，到現在都沒有寫一個字，我為什麼不能利用這段時間把它寫完呢？繼而想到了第三個問題，為什麼我先想到找工作賺錢，而不是寫新書呢？

答案是顯而易見的：工作賺錢是很快速的，一個月就可以拿到不錯的薪水；而寫書是很慢的，寫作過程本身就夠艱辛的了，寫完之後過好幾個月才能出版，出版之後好幾個月才能拿到稿費，回款週期太長。我「投機取巧」地選擇了前一個，但事實上，只要有點理智、有長遠的眼光就知道：肯定要把寫新書放在第一位。

所以，為什麼不能一心只想著賺錢？因為它會使你只想到利益最大化，而不會做長遠的打算。盯著眼前的利益，小家子氣的一定走不長遠，也賺不到真正的大錢。

換個角度去想，我們賺錢是為了什麼呢？是為了買到想要的東西？可是大家也知道有很多東西，錢是買不到的。在錢能買到的範圍之內，還會有一個問題：怎麼有錢又有品？

　　我認識的一個女生在分手之後，先去割了雙眼皮，接著又去做了全身美白，買了一櫃子的新衣服和一桌子的昂貴化妝品之後，覺得仍然不滿意，又想去隆胸。她每天掛在嘴邊的話就是女孩子只要漂亮了，什麼都可以得到。

　　有一次，我開玩笑地對她說：「你沒事的時候，還得看看書，壓壓外在的浮氣。」我總覺得皮囊是需要內在支撐的，即使一個女孩子外表再美，內在的東西不足夠強大，總是危險而且短暫的。

　　我認識的另外一個女生，在外貌上，天生麗質，作為富二代，她每天想得最多的問題就是如何花錢。買了幾輛車，朋友都說她車品不好，不會選車；全身奢侈品，但總是穿不出質感來；經常去參加各類商學院的課程，卻總會被孤立，有其他女性甚至直接說「如果下次她再來上課，我就不來了」，因為覺得和她在同一個班級裡面上課影響心情。有錢本身無關幸福與否，如何花錢才關係到快樂與否。

　　為什麼不能一心只想著賺錢？因為當你把全部心力都放在銀行卡數額上的時候，賺錢過程中的很多層面就會被你忽視，而真正有價值的卻恰好是過程，是時間累積起來的東西。如果賺錢慢一點，在這個過程中學到的東西多一些，品味高一些，格局大一些，也許就會更快樂一些。很多人對微商有了誤解，也許就是源於此，他們中的確有人賺了很多錢，但此相匹配的東西都沒有相

211

應地建設起來。

　　Hey，女孩，你當然需要賺錢，但我希望你不要那麼焦慮地賺錢，當你有「一夜暴富」的想法時，往往就賺不到錢。我願你會賺錢，也會花錢，更能明白金錢的意義到底是什麼。在你賺錢不多的情況下，培養自己的眼光、品味和格局，是一項穩賺不賠的投資。

Hey

不安穩的女孩

在很多人看來，我的人生從來都不是循規蹈矩的。大學畢業之後，非得去考國內文科最好的大學；話劇專業碩士畢業，卻一股腦地扎進了電視行業；在上海工作了半年，做著比別人起點高很多的工作，卻在半年之後就離職，跑到從沒有生活過的北京；工作上一邊做著媒體行業，一邊還偶爾做著培訓行業……永遠都不滿足，永遠挑戰，不冒險、不刺激的日子似乎根本不值得過。

我去年交了一個非常穩重、踏實的理工科男朋友，幾乎所有的朋友知道後都大吃一驚：「你怎麼會找一個這麼安穩的人？」閨蜜看到我們有長久發展下去的跡象，很嚴肅地對我說：「你看起來是一個非常難搞的、很難安定下來的人，怎麼突然就轉變了？」

其實不單是閨蜜，包括我的父母，也許看到我所做的事情、所做的選擇，都會覺得我是一個討厭安穩的人。有一段時間，我在朋友圈裡不發工作的內容了，我爸就在家裡和我媽念叨：「她是不是又換工作了？」在我爸對我的了解裡，我會經常換工作，不可能長久待在一個地方。

當然，我也寫了很多希望大家能夠跳出舒適區，如果不想在小城市生活就勇敢地去大城市闖蕩，還有不想按照父母的意願考編制就不考等話題的文章，也許在很多讀者的眼裡我很酷，或者說很勇敢。

其實，這些都是表面的。如同一片大海，大家注意到的只是浪花，平靜的水流很難進入人們的視野——我的底色是特別踏實、安穩的。

如果我決定和一個人在一起了，就一定會用盡全部心力去愛他，直到他觸犯了我的底線，才會乾淨俐落地提出分手；否則，應該會很長久地相處下去。

一個朋友說她每次遇到喜歡的男孩子，追到他之前，會愛得死去活來，可是追上之後，會很快興趣索然，尋找下一個令她心動的目標。她問我有沒有這種感受，我說沒有。因為我很早就懂得，愛情在最早的心動結束之後，剩下的就是經營。經營得好，你會收穫一個嶄新的伴侶，以及一段甜蜜的關係。踏踏實實地去經營一段感情，遠比到手就換掉重要得多。精挑細選，不如把他

培養成或者影響成你們倆都喜歡的樣子,多好。

工作上也是如此,前不久有一家培訓機構想高薪聘請我,我徵詢了一位前輩的意見,他問我:「你如果去了,會是什麼感受?」我不假思索地說:「背叛夢想的感受。」我一路走來,做了很多選擇,而這些選擇都是為了夢想。所謂的踏實,就是你知道自己想要什麼,即使走千迴百轉的路,但因為知道目標在那裡,你就會義無反顧。

我在北京租的房子裡已經住了三年。對於這個位置,所有知道的朋友都會嗤之以鼻:離上班的地方遠;離朋友聚會的地方遠;房租還不便宜。每次聊到租房子的話題,他們都會咬牙切齒地說:「你怎麼還不搬家?!」這些話我聽了一年又一年,還是沒有搬家。也許是因為嫌搬家麻煩,但更深層次的原因是,北京這個城市變幻莫測,用我健身教練的話來說,經常有學員剛繳了上私人教練的費用,就換工作了,在工作、人際關係都不穩定的地方,一個穩定的住所是我想要的踏實。這個房間裡有我讀過的書,有兩盞檯燈伴我寫過很多篇稿子和無數個工作總結。在外面,我無論多狼狽、疲憊和想要逃避,只要回到房間裡,我就是安全的、安靜的。

我有時候會想:為什麼我會是一個內心安定、踏實的人呢?想了很久才想清楚是因為我特別懂得這個世界上沒有任何捷徑,我人生中收穫的所有驕傲,都是伴隨著淚水和汗水的。我從來沒

有覺得自己幸運，所有的收穫背後都是無數次失眠和自我抗衡的結果。或者換句話說，踏踏實實地、有底氣地走好每一步，是我的人生信仰。

多數人都很討厭「安穩」這個詞，如果有一個人評價你「你做著一份安穩的工作」，或者「你是一個安穩的人」，個中滋味和別人給你發了「好人卡」差不多。但我希望你的底色是安穩的、踏實的，這樣你會是充盈著幸福的；而如果你的內心特別飄忽，那你一定會不快樂。

武行經常會講一個人的「定力」，我覺得當你腳踏實地、穩妥地對待自己時，你就是一個有定力的「人生高手」。

Hey

被勵志點燃的女孩

有一段時間，我寫東西完全進入不了狀態，不知道有哪些是值得寫的，即便很費勁地寫出來了，也不願意發出去被別人看到。我反思為什麼會有這種狀態時發現，有一個很重要的理由是：我覺得那段時間太幸福了。戀愛甜蜜，工作很有起色，想買的東西都能毫無顧忌地買。被溫暖包圍許久之後，我已然忘記了寒冷的滋味。

當我把這種感受分享給朋友時，她說：「我覺得你這樣想不合適，你那麼努力，不就是為了能獲得幸福嗎？為什麼幸福卻成了你的絆腳石？我不想活得勵志，只想活得幸福。」

她說得沒錯。幸福也許就是人生的本質追求之一，但是她忘了，每個人對幸福的定義不一樣，有人

定義幸福是結果論，是有美滿的家庭、喜歡的工作或者豐厚的物質；有人定義幸福是過程論，人生的每一步都走得踏實，走得足夠讓自己心安。

我是「過程論」者。說起來真的很「作」，很不知好歹，放著好日子不過，整天給自己找困難去克服，從來都是自我鬥爭，但這就是我啊。我應該永遠也過不了那種知足常樂的生活，不是不滿足於物質條件或者周圍的人，而是對自己不滿足，永遠在較勁。較勁多累啊，可是不較勁了，我也就蔫了。

我就適合生活在一線城市，每天走在大街上，都會被快遞員激勵。外來打工的叔叔阿姨、路邊擺攤賣水果的小姐姐，或者地鐵上一絲不苟的職員，每個人都是緊繃的，看不到他們放鬆的時候，倒是也不用擔心那根繃著的弦會斷，因為這個城市會給這根弦「蓄力」，讓它越發有韌性。

我和一線城市有著很和諧的關係，這種和諧就體現在那股拚勁上。我經常聽北京人說：「你們這些外地來的人，太給我們壓迫感和緊迫感了。」

而我們這些外來者，其實從來沒有和北京格格不入過。也許你會覺得形態各異的建築陌生；會覺得二十四小時營業的便利商店陌生；會覺得嘈雜的夜店現場陌生；但你一定不會覺得任何一種努力奮進的感覺陌生。來到這裡，就如同魚進入了海洋，開始大口呼吸、吐氣，期待著有朝一日可以擁有自己的城池。

　　現在很多人對被「雞湯」餵飽的人有偏見，打了「雞血」般地工作，有意思嗎？巧了，我是一個製造「雞湯」而且會永遠活在「雞湯」裡的人。「雞湯」就是我的城池，我在這裡面很舒服、很幸福，鴻鵠也不知燕雀之志呀。

　　小人物能夠在這個世界上擁有成為「大人物」的夢想，憑藉的是骨子裡向上的熱情，也許疲憊，也許被辜負，也許被嘲笑，但你知道，你就是放棄不了。

Hey

馬上要結婚的女孩

親愛的，下面的文字是我送給你的結婚禮物。

一週前，我突然收到你的私信：「蕘依，我這個月二十三號就要結婚了。不知道爲什麼，我就是想和你說一聲。」

看到這句話的時候，我同樣不知道爲什麼感動，除了恭喜之外，就是想要送你一份禮物，一份想要回報你的禮物。

這些天，我每次去商場都會想著有什麼東西可以買給你。送包包嗎？送衣服嗎？送本子嗎？思來想去，我覺得這些候選的禮物都不合適。因爲我們的關係只是讀者和作者的關係。

二〇二〇年，由我的讀者轉變成好朋友的紅妹結婚，

我送了一對小瓷杯子給她。怎麼說呢？送出去我就後悔了，當時想買一副字給她，但店家說兩個月之後才能發貨，只好隨機選了其他禮物，但那種不是自己超級喜歡的禮物送出去的感覺是很失落的。

我想送我的新書給你，板板正正地寫上祝福的話，認認真真地簽上我的名字。但是新書還沒有出來，連樣書都還沒有，今早起床，突然想要寫篇文章給你，哪一天交稿時，一定把這篇文章一併放進去，也算是送上了一份特別用心的禮物。

也許有人會好奇，為什麼我對你那麼上心？不就是讀者和作者的關係嗎？只有我自己知道，在過去兩年的時間裡，只要是我更新社群平臺，你一定每篇必看，而且每篇都會打賞。這個打賞對我有著特別的意義，很多次我都懷疑自己的寫作水平：怎麼可以這麼差？或者懷疑堅持更新社群平臺的意義：有多少人看？堅持有什麼意義嗎？正是因為你，因為你的每次打賞，我都會在很多時候對自己說：「為了她，也要寫下去。」你知道嗎？你的存在讓我覺得無比珍貴。

我寫得再差，更新的頻率再低，但是只要我寫了，你就一定會看。這比談戀愛都要浪漫。而且你所有的行為都是不打擾我的，沒有要求加我的微信號，即便我的微信號就擺在那裡，你也沒有加。我很喜歡這種舒服的距離感：我喜歡你，但我不打擾你。有時候，我也會想，或許是你不敢靠得太近，擔心距離近了反而會失望。因為我也有喜歡的作家，會有這樣的想法，但我還是想要告訴你：

「不管你以後是否還會喜歡我，反正在你喜歡我的這段時間裡，我值得你喜歡，即便你靠得再近，我也有底氣不讓你失望。」

「『陪伴是最長情的告白』，我以前對這句話沒有什麼感覺。我很難做到持續陪伴一個人，有談了三、四年的感情說放棄就放棄，有覺得我遇到了全天下最特別的男孩子的時候也毅然離開。也許，才安排你出現在我的世界裡，讓我體會到被陪伴的感覺是多幸福。我也想要把『陪伴』做得更好，想要在當下的感情裡再努力一些，再持久一些。」

說了那麼多，其實是想要祝福你新婚快樂的。我一點也不擔心你結婚之後會不快樂。你懂得付出，懂得分寸感，懂得陪伴，這應該是所有男生心目中完美妻子的樣子。我到現在也不知道你長什麼樣子，多少歲，做什麼工作，但就像是你無來由地相信我一樣，我也義無反顧地相信你：相信你有幸福的婚姻，有美滿的生活，有不斷變好的樣子。

我一直覺得在寫作的世界裡，自己是個特別幸運的人。我很順利地收穫了自己的作品，也很自然地獲得了很多人的喜歡。當我氣餒的時候，我會打開微信社群平臺的後臺，看每個人關注我的時間。二〇一六年我開始做社群平臺，很多人就從二〇一六年跟隨我到現在。怎麼說呢？我更新的頻率很低，風格也沒有變化，他們原本可以取消關注的，但就是一直關注著我。每當看到這些，我都會熱淚盈眶，咬咬牙，寫下去。有好幾個人從讀者變成了我的朋友，他們支持我的每一個決定，我做得不好的地方就

直截了當地指出來。我見證了他們的戀愛、結婚，每次收到他們邀請我參加婚禮的消息時，我都會覺得：我們怎麼會漸漸地擁有了這樣的關係呢？我沒有花錢請過助理，這很不對，任何工作都應該有回報，但是在我做得不對的情況下，卻有一個接一個的人願意當我的助理，包括我現在的助理，以及我的師弟，他們在幫我打理著一切；過段時間我就要開新書分享會了，有小夥伴為了見我，聯繫了當地的書店，幫我找場地，目的只是完成一次見面。

我哪有這麼好，值得你們付出這麼多？我能給你們什麼呢？其實，我很明白，我必須要變得更強，變得更新，這樣才能把更好的東西掏心掏肺地拿出來。現在自媒體都講究「用戶黏性」，說實話，我對我的用戶黏性特別自信，即使關注的人少，但只要是我做的，他們一定都支持。

親愛的，我不知道我們的關係會走到哪裡，就像是我不敢判定一段我很希望長久的戀愛能夠走到哪裡一樣，但無論走到哪裡，我都接受。因為你曾經給予過我的，已經留存在了我的記憶裡，並且在發揮作用，讓我想要變成一個溫暖的、長情的人。

親愛的馬上要結婚的女孩，無論大家對婚姻有多麼悲觀，有多少偏見，但我和你一樣，依然相信婚姻，相信愛情，相信兩個人攜手走下去的決心，就像你的名字一樣，什麼都是「雙」數，什麼都成全。

期待未來寶寶出生了，你還想著來給我報喜。

Hey

不注重面相的女孩

有個朋友在微信朋友圈發了一條狀態，反思自己脾氣太暴躁、太焦慮，導致以前很漂亮的眉骨，現在變成了高低眉。我們之間一個共同的朋友給她評論說：這也太矯情了，附帶一個「奸笑」的表情。我想說，這還真不是矯情，而是事實。

我是從兩個同事身上發現面相這回事的。其中一位女生的夢想是做家庭主婦，每天穿好看的衣服、畫很美的妝、做喜歡的美食，相夫教子，很日常地度過一生，所以面對工作上的爾虞我詐也好，或者斤斤計較也罷，她都不摻和，覺得和自己無關，你看她的臉時，看到的是無憂無慮，或者說不諳世事，很舒展的樣子。

而另一個同事，因為家庭條件好，因為自己太想

224

要成功也罷，很擅長斤斤計較和借題發揮，本來一件很小的事情在她那裡，就會變得很複雜；本來和她無關的事情，也想要摻和一腳，有的同事曾評價說：「你要是看一下她的臉，就覺得人間不值得。」

有一天，我們三個坐在咖啡館裡聊天，我的對面坐著她們兩個，很輕鬆地聊些男女之間的事情，不知道是不是下意識地，我發現我特別習慣向第一個女生的方向說話，每次都得提醒自己這樣不禮貌，才願意和第二個女生做幾個眼神對視。在回家的路上，我反思自己的這個做法時，才意識到：其實是兩個人的面相在起作用。

我不搞封建迷信，但是我卻堅信，一個人的內心是怎樣的，她就會擁有什麼樣的面相。你斤斤計較，你的面相就會額頭緊縮，有一種掙扎之感；你內心快樂富足，你的面相就會呈現出溫柔之色。面相比護膚、整容都要重要、直接得多。如果一個女生皮膚平滑白皙，面相卻呈慳吝之感，真的漂亮不到哪裡去。

這也就是為什麼我從來都倡導女性要內心富足的根本。外在的美，只要你有能力花錢，就能做到，現在這個時代透過整容換張臉並不難，但是皮囊美了之後，就真的會讓人看起來舒服嗎？舒服才是一個女生最強的實力。

內心平和富足，不是什麼玄學，就是不彆扭、明事理，就是一直向上，保持正能量。正能量不是讓你「打雞血」，不是強顏

歡笑，而是你有能力去消解負能量。消解很重要，很多人恰恰相反，是去積攢負能量，久而久之，就生出一副沮喪、悲傷的面相。

很多女孩子都喜歡「少女感」，這個少女感並不是說臉上要有滿滿的膠原蛋白，而是要活力滿滿地挑戰自己，擁抱生活給予你的每一個驚喜，更重要的是要學會接納自己。

身邊開始結婚的朋友越來越多，我很少問他們：「你們幸福不幸福？」因為看她們的臉就知道了。幸福都是寫在臉上的，不幸也是藏不住的。面相最不會騙人，你內心的狀態怎樣，它就會怎樣呈現在你的眉宇間、眼睛裡，甚至嘴角上。

第七章

逃離
任何消耗你
快樂的人和事

Hey

被分手的女孩

　　我爸爸經常評價我的一句話是：「你真是個沒有感情的殺手。」我沒有一堆朋友，和別人談事情也總是就事論事，基本不會牽涉感情。就連愛情方面我也處理得乾淨俐落：一旦發現對方觸及了我的底線，一定會果斷地提出分手。

　　我很難理解為什麼有的女孩被分手了之後，還想著一定要復合，要搶回來，難道不應該像丟垃圾一樣，丟得越遠越好嗎？

　　直到有一天，這件事發生在了我最熟悉的人身上。男生一次、兩次背叛，終於在第三次背叛之後，憑藉著最後一絲絲良心，提出了分手。女孩完全不能接受：憑什麼有錯在先，他還提出分手？因為嚥不下這口氣，她想盡一切辦法挽回他，想著等他回心轉意

了，再冷不防地和他分手，打他個措手不及。我聽著她那宏大的、嚴密的計畫，怎麼一步步實施她的計畫，怎麼既能了然於心又能裝作無辜的樣子，我一邊替她心累，一邊又同情她：一個那麼強勢的女生，怎麼會在一個背叛感情的前男友面前變得毫無尊嚴可言了呢？

女孩經常問我同一個問題：「如果是你男朋友變心了，你會怎麼做？」我每次都會很驚詫地回答：「我怎麼會等到他變心？！一旦發現苗頭不對，我肯定就分手了。」她繼而問道：「如果你們結婚了，有了孩子之後呢？」我依然斬釘截鐵地說：「離婚啊。」她瞪大眼睛，很不理解地說：「你只是現在說說而已，結婚之後就是兩個家庭的事情了，怎麼是你想離就可以離的？而且有哪個男人不出軌呢？」

「有哪個男人不變心啊？」「有哪個男人不出軌呢？」不知道從什麼時候開始興起了這種所謂的觀念，好像如果你不認同這一點，你就是不了解男人，不懂兩性關係。在這樣的論調之下，很多女子開始退而求其次地寬慰自己：身體出軌沒關係的，精神出軌才可怕。不、不、不，為什麼開始退讓了？作為女性，你問問自己，如果你能做到戀愛後不變心、結婚後不出軌，那男人也同樣可以做到。並不因為他是男人，這件事就變得有多難。

所以，我想對被分手的女生說：男生變心是不可以接受的，無論別人怎麼灌輸給你諒解的理由，無論這個男生有多少藉口，

都不要接受，果斷分開，完全不留餘地。

　　同時，在一段失敗的感情中，最先釋懷、最先忘記、最先開始新生活的那個人才是真正的贏家。有可能是他先提出了分手，沒關係啊，休止符放在這裡了，如果你再繼續糾纏，就算是追到後再甩掉，還是把這個休止符往後推了很遠。但休止符就是休止符，不管你往後推多遠，它一定會在的。所以，及時止損，是對待他的最鋒利的武器。

　　其實，人生中遇到一個不專一的男人是一段很有用的經歷，會讓一個人迅速看到人性的陰暗面。曾經愛得深沉的人，彷彿就在一念之間，成了仇人，就像女孩一直無法釋懷的──「他怎麼可以做到一邊叫著我寶貝，一邊叫著另外一個女生寶貝的呢？」他怎麼做到的呢？當你想明白了這個問題，對待感情的尊嚴才會真正存在。

想要情緒穩定的女孩

我在網路上看到一個話題：做一個情緒穩定的人有多難？

我回答：「其實不難，只要你選擇去做困難的事情，慢慢地，你的情緒就穩定了。因爲你會知道原來生活已經這麼難了，就不要再去爲難自己和別人了。」

「感同身受」是個合適的做法，當你感同身受的時候，你的情緒就穩定了。

這個回答獲得了很多人的點讚，但我並不知道有多少人眞正懂得這裡面的意思。

一個年輕女孩看到後，給我發了一條長長的私信。大意是說，在和一個第三方合作夥伴溝通的時候，很不順暢，對方態度強硬而且不負責，屢屢犯錯。女

孩不斷調整心態，終於做到了不發火，甚至不生氣。她說自己剛開始工作的時候，特別愛著急，解決問題的能力很差，反而加重了事態的發展，現在她都會告訴自己：要好好說話，也要認真聽別人說話。

說實話，看完這個女孩的回答，我心裡還是有點難過的——很多人錯把情緒穩定，誤認為是不發火、不生氣。在我看來，情緒穩定有一個很重要的內核：懂得收住情緒，同時也會釋放情緒。

如果我是你，我會以非常嚴肅的態度告訴對方：「你這樣的不負責任是在浪費我的時間，如果能力不行，就別做。」一個和我合作的人如果不認真工作，就是踩了我的底線，我會直截了當地說明白，我們的情緒需要釋放在這些「始作俑者」的身上。我相信你一定一而再，再而三地忍受了，你的內心會很氣憤，那就釋放出來，告訴那個人你生氣了，不管結果如何，你的情緒都需要表達。

「情緒穩定」最重要的是要找到自己的「情緒價值觀」。也就是說：你為什麼要做到「情緒穩定」？我說兩件最近對我影響非常大的事。

我三十歲生日那天，畢竟是個整數的年齡，想著要好好慶祝一下，但沒想到那天早上收到一則被誤解的訊息，我的第一反應就是不過生日了，一點慶祝生日的心情都沒有；第二反應是這

樣的事，估計以後每個月都會發生，我要花費很多的精力來處理嗎？不，它不值得；第三反應是不過生日，那我今天做什麼呢？於是，我拿出筆記本，把今天應該做的事項一一列下來，按照順序一個個做完。睡覺前突然覺得：早上發生的那件事非常可笑，幸虧沒有在這上面浪費時間。

這件事所展現出來的「情緒價值觀」有兩個：一是有些事情當下看起來很嚴重，幾小時後再看，其實也沒有什麼；二是如果一件事情有可能會頻繁發生，那就說明是一件特別正常的事，不值得讓情緒大幅波動。因為這個「情緒價值觀」，讓我以後再遇到類似的事情時，會產生下意識的反應，情緒波動就能保持在一定的範圍之內。

母親節那天，我陪男朋友的媽媽去吃飯，聊著聊著，我隨口對他媽媽說了一句話：「他就愛什麼事情都憋在心裡，每次都得我追問，他才肯說出來。」這在我看來是一句非常普通的話，但當我說完時突然發現男朋友的眼眶是紅的，於是我趕緊閉嘴，沒有繼續說。他眼眶紅的那一刻，我腦海中閃現了很多我誤解他的畫面，也許他當時委屈，但是為了不讓我繼續生氣，就默默承受了。也就是在那一刻，我告訴自己：以後不准在極度包容我的他面前，隨便釋放情緒。

這件事告訴我的「情緒價值觀」就是有些人不對你發脾氣，只是因為他在默默承受。如果不想讓愛你的人傷心，那就在情緒

上多上點心。

　　我的「情緒培育史」就是由這樣的一件件小事建構起來的，我會從每件我想要發脾氣的事上找到自己的情緒價值觀，下次再遇到這樣的事情時，就會穩定得多。

　　就像我開頭說的那樣，當你感同身受的時候，你的情緒自然就穩定了。此刻我一頭鑽進了創業這條小胡同，每天都在面臨新的任務和挑戰。就這樣磨練著，脾氣便不再暴躁了，而且脾氣暴躁的「性價比」太低了，用來發脾氣的這段時間，可以多做很多事呢。

Hey

弱勢心態的女孩

　　我終於舒了一口氣，我們終於分開了。二〇二一年，對於你我的關係來說，只有一個詞可以形容：緊張，或者壓抑。

　　你是過來幫我的，這讓我遲遲無法下定決心讓你走。但是，我越來越發現你是一個有弱勢心態的女孩，以至於我們完全無法溝通，我不得不對你說分開了。

　　如果我說話比較著急，你會認為我脾氣暴躁；如果我不搭理你，你會懷疑自己是不是做錯了什麼事；如果我坐下來和你好好溝通，你會認為溝通是無效的，只有我說了算，你沒有資格說話。

　　親愛的，你對我很熟悉，你要知道我是一個見過大風大浪的人，如果我這麼小氣、自私、針對你，我

不可能成為今天的我。

看看吧，你對我的理解就是處於一種你是弱者的心態上。我們只有在平等的基礎上才有可能交流，如果你先把自己放在弱勢的一邊，那就真的沒得聊了。

我記得，一天下午你在我面前號啕大哭，原因是當天我出門辦事，給你布置了一些任務，當我回來檢查時，發現你幾乎沒有做什麼。你之前對我說希望早點做成事情，然後去和朋友聚會，連去哪裡聚會都找好了。當我回來發現你或許因為偷懶什麼都沒做的時候，作為主管，我說了一句：「做不完，就不要回家了。」然後就聽到了你的哭聲。

親愛的，這件事有兩種處理方式：第一種是你告訴我為什麼沒有做完任務，是因為中間發生了什麼事嗎？如果真的是因為其他事情耽擱了，我不會不理解；第二種是如果沒有其他事情耽擱，只是因為偷懶沒做，那就沒什麼可哭的。事情比較著急，當天必須做完，在知道事情嚴重性的情況下你還拖延，那勢必就得加班，就會影響你晚上的聚會，這沒有什麼好委屈的。

如果這兩種方式你都不接受，只是一味地哭，那你真的就是受害者心態了——遇到事情馬上想到的就是委屈，就是別人有意針對你，就是別人強勢，而你是弱勢的。

親愛的，你知道嗎？如果職場上你覺得主管是強勢的，你是

弱勢的，你應該做的是跟強勢的人去爭取「勢能」，而不是停留在弱勢的環境中顧影自憐。

受到受害者心態的影響，你所有的工作都開始帶著情緒。我讓你整理一份錄音，你直接用軟體將錄音轉換為文字，卻沒有花心思校對；我給你報名去學習一個課程，兩個月內你只學習了一節課，因為你覺得我在逼迫你學習；我給你安排的任務，你只保證完成，不管品質，你用弱者心態在做無聲的對抗。

弱者心態，其實是一種思維方式。擁有這種心態的人，當他遇到難題時不是迎難而上，而是退縮不前。

我剛參加工作的時候，也遇到過很難溝通的主管，我說什麼她都覺得不好。我的處理方式是，她覺得不好沒關係，我先做出來，用結果來證明，所以我熬夜寫臺本，在錄節目的現場被罵得體無完膚時，心中也只有一個想法：無論如何，我都要把這個節目以我能做得最好的狀態完成。直到她不再覺得我做的事情不好時，我就離職了，因為我不認可她。

一個人會經歷各種錯綜複雜的關係，有些關係甚至是你必須在某個時間段內接受的，比如職場關係、戀愛關係。我們無法保證每個人都和我們有一樣的勢能，我們能做的就是在即使看似弱勢，也要以強勢的姿態來對待，這不是技巧，而是保護自己。

我們分開很久之後，有一天，我看到你和朋友在社交軟體

上聊天，你回憶這段經歷時說：「我們磁場不合，分開就是了，去找到屬於我們磁場的人就是了。」這句話看似很有道理，可是在我們以弱者心態自居的時候，誰又會和我們磁場一致呢？假如有，你們一起相處下去，是不是會更弱呢？

不要去逃避那些艱難的事情，它或許會讓我們受傷，但是受傷的地方會有花；而如果一直在溫暖的弱者巢穴裡，時間越久，黑洞的面積就會越大。

見到主管會害怕的女孩

前幾天看到你的文章寫了一件小事，說有一天你值夜班，準備下班時主管進來了，你本來想和他打個招呼的，但他當時正在和另一個同事對接工作，你就沒有過去打擾，徑直走了。可是，離開後，你又在內心不停地問自己：是不是我等一會兒過去打個招呼，會更好一些呢？最後，你找到了自己這麼糾結的原因：你的內心一直對主管充滿恐懼。

我想告訴你，這個世界上的每個人都是普通人，主管也不例外，他和我們一樣，有快樂、憤怒、自私和無畏。這也是我最近幾年切身感受到的。

我們從小接受的教育就是要懂禮貌，遇到老師要打招呼。這本來沒有錯，但是不知道為什麼，漸漸地，它就變味了。小時候，我也經常遠遠地看到老師就躲

著走；如果迎面碰上老師，也裝作沒看到，迅速離開。現在回想起來，應該是那時候內心畏懼老師，覺得老師高高在上，尤其是當我們在某個科目上考的不好的時候，會想當然地覺得自己很差勁，不好意思面對老師。可是，老師也不是十全十美的人啊！

慢慢地，我開始對一些所謂的「權威」、「長者」、「比我們優秀的人」，都懷有某種程度的警惕。卽使他們的職位比我們高，也未必比我們活得敞亮。

在節目組工作時，我最漂亮的戰績是不花一分錢請明星來演講。可是，你知道這件事有多簡單嗎？當時我就是一個理念：明星也是普通人。很多同事一聽到要請明星，馬上想到的是：我們預算不多，怎麼辦？明星看不上我們這個平臺，怎麼辦？而我根本不想這些，直接去找適合上節目的明星，而且直接說明「我們預算有限，沒有出場費用，很抱歉」。基本上，願意來的明星，不會因爲你缺了一點錢就不來，只要他想來就一定會來。我作爲一個導演，要做的就是把機會放在他面前，僅此而已。如果你認爲「明星是值得恐懼的，明星不是一般人」，你就很難走出第一步。

後來，我創業做了主管。說實話，我特別擔心員工怕我，因爲他怕我則意味著他對我有所期待，認爲我不是一般人。如果有一天我的某些行爲超出了他對我的認知，他很可能會對我大失所望。我希望他從內心接受我是和他一樣的普通人，會發脾氣、做

錯事、偷懶，我之所以是主管，只是因爲我在專業上多鑽研了幾年，僅此而已。

如果你怕我，那不是尊重我，而是讓我覺得自己必須要盡善盡美。所以，請把我當作一個普通人看待，並一直如此。

Hey

那個凍傷卵巢的女孩

　　親愛的單單，那天到你家探訪你，看到你瘦小、開朗、讓人憐愛的樣子，我還和你開玩笑「你可以試著做網紅了，現在很多男生都喜歡你這樣的」，可是聽了你的故事之後，我發現自己錯了。

　　你跟我講了很多故事，有的是飛著飛著掛到樹枝上的，也有的是跑著跑著把腰椎摔壞的，反正都是關於你的讓我「捏一把汗」的故事，天南海北的，上山下海的，國內國外的，很難把面前的你和故事中的你結合起來，但那就是你。

　　最讓我捏一把汗的是，你在二〇二〇年三月去非洲登雪山的經歷。吉力馬札羅山，這個我只在地理課本上記下來的山峰，成了你要征服的對象。你和三個男生一起往山上爬，途中你上吐下瀉，身體完全支撐

不住。那三個男生放棄了你，而你帶著嚮導歷盡艱辛，最終爬到了山頂。我問你在山頂上拍照了嗎？你說哪裡有機會，能站住就不錯了。

我以為這和普通的爬雪山是一樣的，過程雖然艱難，戰勝了也就好了。但你告訴我，等你回到國內，身體極度不適。到醫院檢查時，醫生告訴你「卵巢被凍傷了」。說到這裡的時候，你非常淡定地說：「我就讓媽媽陪我住了幾天院，然後就沒事了。」

我要向你道個歉，當你說到這裡的時候，我開小差了，我自認為也是個獨立女性，但是在那個當下，我問自己：「如果我因為這件事凍壞了卵巢，導致我沒辦法懷孕，我還會不會做這個選擇？」我的答案是：「不會。」

當然，你不是先做了這個選擇再去爬山的，而是你去之前也並不知道會遇到這個不幸，但是我相信即便你知道，也會做出這個選擇。為什麼這麼說呢？因為我看到你沒過多久，又跑到了新疆最冷的地方，在積雪能覆蓋到膝蓋的地方跳躍、躺下，顯然你的快樂遠遠超過對身體再次的擔憂。

以前做電視節目的時候，我遇到了很多有過英勇事蹟的人，但即便聽過了那麼多觸動人心的故事，我還是被你的故事深深打動，因為我在你這個同齡人身上看到了少有的勇敢。

在過去的很多年裡，我特別瞧不起「勇敢」，覺得這就是一

種很普通的特質而已，後來經歷的事情越多，越知道「勇敢」背後是權衡，是放棄了很多，也堅守了很多，是斬釘截鐵地做出自己的選擇。

你和我們不一樣，你堅守了自己的夢想，卽使這個夢想在很多人看來是荒誕的，但你堅定地認為它可以實現。我們有一個共同的朋友，你說很感謝他，是他告訴你「玩，也可以成為你的職業」。其實，不是他告訴你的，而是你的堅定讓他相信你會如此。

我臨走的時候說：「我非常期待你成為備受矚目的旅遊博主。」這個祝福很世俗，我現在要換個說法：「祝你玩得開心，一生玩得開心，我的同齡人呀。」

Hey

想要獲得力量的女孩

一天，我發了一條微信朋友圈：「每個女孩都是有力量的，只不過要看你有沒有能力喚醒它。」緣起於我看到有些女孩寫的文章確實充滿力量，對生活、對城市、對愛情都有很深入的、動人的思考。然後，我在那條消息下看到一個女孩的留言：「可是我怎麼才能知道自己有力量呢？」

這是個好問題。山本耀司說過一句很有名的話：「『自己』這個東西往往是看不見的，你要撞上一些別的什麼東西，反彈回來，才會了解『自己』。」力量感的獲得也是如此，自己對自我的力量感是很難察覺的，只有在付諸他人的過程中，你才會得到反饋。

二〇二一年，我的一項重要工作就是為一百個喜歡寫作的人賦能，我做這件事情的初衷其實是很自私

的，就是希望讓他們拿到結果，然後用這個結果告訴自己：你創業是有意義的，你是有力量幫助別人的。他們就像是我的一面鏡子，讓我清楚地看到了自己。創業這條路太黑暗、太漫長了，如果不給自己打點「雞血」，很難持續地奔跑下去。他們是我的興奮劑，讓我階段性地獲得成功的獎勵。

這件事對我有多重要呢？我在自己的朋友圈開了一個「小話題」——「閨蜜的反哺」。有的閨蜜告訴我她的文章被編輯回覆了，有的閨蜜告訴我這個月她透過寫作賺到錢了，有的閨蜜告訴我她看了我的書之後開始每天早起學習，生活習慣也改變了很多……要是在以前，我是很不屑收集這些訊息的，太小、太瑣碎了，可是當你經歷過背叛、挖苦和不信任之後，你就會知道這些都是珍珠，閃著光在陪伴著你。有一天，你可以憑藉這些光亮，找到回到自己的路。

所以，我會對每一位親近的朋友說：「去幫助別人，盡全力去幫助別人。」以前覺得這句話是「雞湯」，可是等你品嘗過它的好，才會知道它是力量之源。

以前，我在電視上看到那種把自己的錢全部捐出來做好事的人，或者冒著生命危險也要幫助別人的人，會特別不理解：為什麼要這樣呢？又沒有人逼著你這麼做！難道真的有人生來就這麼有「公益心」嗎？還是說我的道德感很低。後來我才發現，這和「道德感」沒關係，而和你對自己的確認有關係。你經歷過太多

246

事情之後，變得複雜了，就很難看到自己。透過這些人，也許我們能夠看到活生生的、期待遇到的自己。

　　但我要告訴你的是：「幫助別人，得到回報是幸運，得不到回報也很正常。」或者說：「幫助別人，其實一定會得到回報，只是不一定是當下的。所以不要氣餒、失望，你是在為自己修一面鏡子，只要鏡面光亮，管它什麼材質。」

Hey

分道揚鑣的女孩

前兩天，我把微信裡幾十個群全部解散了，一個重要的原因是它們淪為了廣告群。群裡總是冷不妨有人發小廣告，而群名又都是「蕘依×××」的格式，讓我覺得這件事對自己不是那麼友好。

我剛解散了幾個群之後，你就問我：「我做錯什麼了，你把我移出群？」我說：「不是針對你，是針對所有人。」

然後我們聊了起來，以前的幾個群是多麼活躍，又是多麼友愛。我感慨：「當時建群之初有多麼熱鬧，解散之際就有多麼落寞。你想想我們為什麼會建群，一定是當時有什麼八卦或者覺得很有必要一起通個氣，著急慌忙地就建了；對我來說，還有一部分群是課程群，幾年前的課程了，很多人都不再聯繫了，也

就沒有存在的必要了。」

　　說起來，傷感嗎？當然傷感，但這就是生活本身。

　　過去的一年，我經歷了很多和自己熟悉的人漸漸離開，有些是因爲遇事之後發現三觀不合；有些是因爲人生沒有了交集，再聯繫也沒有紐帶。但是我也擁抱了很多我不熟悉的人，和他們成了非常好的朋友，以及很棒的精神夥伴。如果不出意外，一兩年之後，我們也會分開，在各自的世界裡相安無事地生活。

　　我的感覺是身邊的人每一兩年就會有很大的更新。我早些年有一個微信號，創業後就很少用了，偶爾登錄那個帳號，會有一種恍如隔世的感覺，通訊錄很多人都不記得是誰了，尤其是沒有備註的。人的記憶就是這麼短暫，明明才一年而已。

　　對於這件事，我既難過又開心。難過的是，我們一生中僅有的一次交集結束了；開心的是，我的人際圈在發生變化。談不上失落，也談不上興奮，這樣的事就是淡淡地發生著，一如每天的日出日落。

　　我是一個對感情很淡漠的人，哪怕在愛情上，不喜歡對方就會果斷離開，從來沒有過那種歇斯底里或者糾纏不清的時候。很多人的感情占比是很大的，而我不是，我更喜歡挑戰，對事的熱愛遠超過對人。

　　感謝所有經過我生命的人，無論這個過程是好是壞。因爲你

的到來，一定給予了我什麼，而愉快或者傷心，只是因爲我們當時的角度不同而已，和你我本身都沒有多大關係。

也感謝所有此刻在我身邊的朋友，我們在一起的每一天，其實都在倒數計時，我們聽著時針在走，但還是在每個當下吐槽、吹捧或傾訴。

生命中出現的人都是禮物，我們的交集都是有限的。所以，離開了就不要去追，追也追不回來；遇到了就不要逃避，躲也躲不掉。

據說，我們的一生會遇到 8263563 個人，會打招呼的有 39778 個人，會和 3619 個人熟悉，會和 275 個人親近，我們都是彼此的奇遇，因爲我們必將散落人海。

Hey

想要旅居的女孩

　　昨天晚上，我們六個人聚在一起，聊「理想中的自己」是什麼樣子的，我們三個不約而同地說：「想要過旅居的生活，每年去不同的城市生活幾個月。」我說我們得談一下距離這個理想的實現還差什麼？不出意外，你們都說「差錢」。除此之外，我說我擔心以後有了孩子就沒那麼多自由了；Miss Meng 說她比較擔心自己喜歡的插畫能不能作為一個事業；而你說想要找個伴，一個人在外面還是感覺不安全。

　　我們就這樣天南地北地聊，你知道嗎？這個過程，我特別開心，因為盡興，沒有一個人站出來說「你們別做夢了，說些實際點的不行嗎」；反而我們透過理性的分析，越來越覺得想要實現一個理想，真的沒那麼難。

二〇二〇年，我怎麼也沒想到會在深圳生活三個月。那時，正好有一個合作的契機，而我也想試試，那就來唄。在深圳的這三個月，應該就是旅居生活的開始。

對我而言，深圳的消費遠低於北京，我最滿意的就是我現在住的房子，超級舒服，還能俯瞰深圳局部的 Loft，如果是在北京，我可能要花兩倍的價格才可以；我還在深圳開啟了「深圳社交」，那些常年不聯繫的在深圳發展的朋友們，也可以約著吃個飯，談談事，讓他們給我的創業指導一下。按照這樣的節奏，如果明年冬天我想去大理或三亞旅居三個月，完全沒有問題。

「旅居生活」應該是每個寫作者的夢想，但這也是我前些年不敢想的事。因為那個時候我在職場工作，不能隨便選擇自己的生活方式，也擔心去其他城市會增加生活的成本，而且覺得旅居的日子有可能會過得很無聊。

轉眼間，也就一年的時間，我把愛好發展成了隨地可以辦公的事業；我陰差陽錯地嘗試了一下，發現成本沒那麼高，而且有愛我的人和我一起拚搏，日子一天天過得很有勁，這難道不是理想的生活嗎？

我們聊天的時候，我一直說：「你們一定要相信理想的生活真的是可以實現的。」

我真的太興奮了，從來沒有從這個角度理解現在的處境，

才幾個月的時間而已，我已經過上了理想的生活，應該感恩且珍惜。我希望疫情早點結束，可以出國，接下來的目標就是多賺點錢，把未來想要出國旅居的費用再積攢得足一點。

我相信你們的夢想也會很快實現的，只要真想。如果你想把插畫作為事業，一年的時間就足夠了，我身邊就有這樣的例子，靠畫插畫月入一兩萬；如果你想找一個伴，一年的時間也已足夠，無論男女、愛情還是友情，先陪伴著往前走就好。前提只有一個：你要相信它，然後用一年的時間集中為它做準備。

這些年，我真的見證了身邊的人不知不覺間就過上了理想的生活。

一個出生於河南某縣城的殘疾女孩，每天筆耕不輟地寫自媒體，抓住紅利，寫成了大號，在鄭州買了房子，年入百萬。

一個專科畢業的親戚，畢業後在家裡開了個網路商店，賣農產品，枸杞、菊花什麼的。因為包裝和品牌做得年輕化，現在一個店的業績是幾百萬元，甚至改變了整個村子的產業結構。

一起在電視臺工作的前同事，離職後開始做珠寶生意，從零起步，雖然沒做成特別厲害的媒體號，但是也有不錯的收益。

這兩年我最大的感受是，身邊有很多「悶聲發大財」的人。成功的原因無它，他們只是簡單地相信夢想。很多自以為聰明、自以為懂得所謂的規則的人太會自我反駁了，覺得我們想得太天

眞、太不切實際。殊不知，很多時候，人不是被別人困住的，而是作繭自縛。

這是一個機遇很多的時代，簡單相信，集中實現，一旦開始，一切都會正向循環。

天眞點，朋友們！世俗的成功不用學，天眞這門課，得好好修。

Hey

痴迷跑步的女孩

　　我發了一張跑了一萬公尺的照片，你問我：「怎麼堅持下來的，這麼能跑？」我很少聊跑步這件事，正好你問了，我就來聊一聊這項我最喜歡的運動。

　　我身邊的人對跑步這件事分成兩大陣營：一個是特別喜歡跑步，每天不跑五千公尺就渾身難受；一個是可以舉鐵，每天去健身房無氧運動幾小時，卻堅決不跑步。喜歡跑步的是真喜歡；不喜歡跑步的，真的也是一點都不跑。

　　我當然屬於前者。最初跑步，覺得它是所有運動裡最簡單的。我想減肥，就從最簡單的開始，後來漸漸地愛上了跑步，是因為跑步於我，已經成為人生哲學。

　　每個階段跑步，都有不同的感受。在我三十歲創

業第一年的當下，我將分享三個讓我特別受益的「跑步哲學」。

首先，跑步最快樂的地方，在於「延遲滿足」，你得有捨棄當下快樂的勇氣。

熟悉我的小夥伴都知道，我是一個恨不得每分鐘都學習的人，不負眾望，我連跑步的時候都在學習，聽各種音頻課程，聽各類書，我想邊跑步邊感受學習的快樂。但事實告訴我，這樣反而不利於跑步，因為大腦要分散一部分精力去思考，跑著跑著速度就慢下來了。一慢下來，就感覺自己沒勁了，就想結束。後來我跑步時只聽音樂，什麼都不想，因為大腦放鬆，以至於我跑五千公尺一點都不覺得累。跑步結束之後，我的狀態還特別好，很多文章和課程，都是在我跑步之後的一小時內完成的，特別高效率。

所以，不要在跑步的時候只顧當下的快樂，比如我非得要學習的快感；不如捨棄過程中的快樂，等一切結束，在多巴胺的作用下，好好享受「延遲滿足」帶來的更高效的快樂。

這和創業是一樣的道理。剛開始創業的時候，我總想馬上得到回報，就拿「寫作陪伴」來說，如果有小夥伴一次沒寫作業，我就特別容易生氣，後來時間久了才發現：就算這個人幾次沒寫作業，只要她認真對待，堅持得夠久，立刻就可以看得出與沒學的差別。不要糾結於當下的收穫，在創業中最大的快樂就是「延

遲滿足」，因爲每一份延遲的禮物，都增添了驚喜的底色。

其次，跑步最重要的不是耐力，而是持之以恆的挑戰自我。

很多人以爲耐力好的人跑步就會容易，在我看來，耐力好只是一個很小的因子，眞正起作用的反而是你面對挑戰時不斷突破自己的態度。

我很多次想要放棄跑步，是因爲每次跑到五千公尺就結束了，時間久了，就覺得特別沒意思，卽便這件事很輕鬆了，卽便能幫我減肥。「沒意思」是運動中的大忌，如果一件事讓你感覺沒意思了，就相當於放棄了。後來爲了鼓勵自己，我就給自己設置了各種挑戰，比如五千公尺必須在二十五分鐘內完成；去室外跑；一週必須跑一次一萬公尺。就像和自己做遊戲一樣，有新的障礙和新的規則，你的身體才會一直保持最好的狀態。

創業難道不是如此嗎？如果創業只是靠耐力的話，很多人成功的概率會大很多。事實上，如果不給自己設置挑戰，很難獲得創業成果：一方面，自己會疲軟，失去創業的激情；另一方面，不給自己設置挑戰，市場就會給你更大的挑戰，很有可能打擊得你一蹶不振。

自我挑戰，在和自己的遊戲中不斷獲勝，在我看來是每一個跑步者的靈魂。

最後，速度很重要。

很多人會對初跑步者說：「你不要在意速度，先讓自己跑起來最重要。」這句話適合跑步新人，但不適合老手，因為提高跑步速度，會讓他更開心。

　　通常情況下，跑五千公尺我花費四十分鐘左右，這就導致我在忙碌的時候就想偷懶，因為四十分鐘太久了，我不想堅持；後來，我不斷提高速度，跑五千公尺花費二十五分鐘左右。每次我想猶豫的時候，都會告訴自己：「不就是二十五分鐘嗎？還不夠看一集電視劇的。」就這樣，提高速度，減少時間，大大降低了我的拖延門檻。

　　這也給我的創業帶來很大的啟發。最開始我告訴自己，慢慢來就好，所以在對未來的規劃上很隨意，反正我是長期主義者，何必在乎一個月或者一個季度。經歷過很多的事，以及看到和我同時起步的人的發展程度後，我才意識到，速度在很大程度上決定了生產力。當別人在每個環節上都比你節省時間成本時，就意味著你的自我更新能力不如別人。

　　創業之路是非常孤獨的，自我精進之路也是非常孤獨的，我很感謝「跑步」這個朋友一直在陪著我，像老師或預言家一樣，告知我一些馬上要發生的變化。

　　跑步，於我而言也不再是出於熱愛，而是像感受某種啟示，認真聆聽來自遙遠的告誡和規訓。希望你也如此。

Hey

無法平衡工作和生活的女孩

　　那天晚上，我做完一小時的直播課，開了一小時的會，準備拿本書來讀的時候，收到了你的訊息：「蓑依，我剛加班結束，這個月幾乎每天都在加班，已經十幾天沒和孩子吃過晚飯了。我很想問你，你是如何平衡工作和生活的？」

　　我回答：「我不能，我也不想。」

　　在討論這個問題之前，我先說一對概念：工作和生活，在我的認知裡是不同的，也就導致我回答這個問題會有不同的答案。

　　我們能平衡工作和生活嗎？我的答案是：「很難，但可以。」我有過四年的工作經歷，在那四年裡，即使我經常趕項目徹夜不睡，也還是可以用一些技巧節

省工作時間，好好生活的。那四年是我人生中最輕鬆的時光，能有大段的時間去旅行，還談了兩次戀愛。我認為自己在某種程度上做到了很好地平衡工作和生活。

我們能平衡事業和生活嗎？我的答案是：「很難，基本上做不到。」事業是什麼？事業是你願意全力以赴，並且是你的熱情所在。如果你做的是事業，無論是在職場還是創業，你都可以感受到：這件事是我的熱情所在。誰說必須對生活有熱情才是珍貴的？人生中，找到一個有熱情的東西，就已經足夠幸運了。不是事業複雜或困難，讓你無法平衡了，而是你對事業失去了熱情。你不想做了，也不再為難自己去做。

對，這就是我這個階段的答案——事業是我的熱情所在。能找到一件有熱情的事就足夠奢侈了，我不敢也不需要更多，我做不到平衡，那就做不到吧。

在過去的一年，我幾乎沒有自己的生活，事業和生活的比例大致是九比一吧。其實我有心想要做到百分百投入事業中，但是扛不住，會很疲憊，於是就拿出百分之十的時間投入生活，讓生活成為事業很好的補充。你不要問我：「這是不是很無趣啊？」這有趣得很呢。尤其在創業的最初階段，一切都是新的，根本不知道會發生什麼，也不知道自己能做些什麼，步步驚心，卻也步步驚喜。

當你不再執著於「平衡」這個標準的時候，反而更容易找到屬於自己的平衡。

說實話，我沒有見過任何人真的做到了平衡事業和生活，在某種程度上這就是個偽命題，不要為它所捆綁。

當然，我不得不說還有兩個因素：第一，我沒有孩子，所以相對來說，我只找自己的平衡就好，不知道有了孩子之後會怎麼樣，也許我會花更多的時間在孩子身上，也許不會；第二，找到一個理解你的伴侶很重要，如果你的伴侶不認可和欣賞你對事業的追求，你就無法平衡事業和生活。「伴侶」考驗的從來都不只是相愛，還有三觀，三觀不一致，再相愛也無法做到彼此理解。

最後，希望看完這篇文章的你能夠忘記「平衡事業和生活」這個命題，它本就不應該存在。

人生顧問 457

你要元氣滿滿，也要人間清醒：擁有少女感，修成女王心

作者	蓁依
責任編輯	沈敬家
校對	劉素芬
封面設計	任宥騰
內頁排版	江麗姿

總編輯	龔橞甄
董事長	趙政岷
出版者	時報文化出版企業股份有限公司
	108019 臺北市和平西路三段二四〇號四樓
	發行專線 02-2306-6842
	讀者服務專線　0800-231-705・02-2304-7103
	讀者服務傳真　02-2304-6858
	郵撥 19344724　時報文化出版公司
	信箱 10899　臺北華江橋郵局第 99 信箱
時報悅讀網	www.readingtimes.com.tw
法律顧問	理律法律事務所陳長文律師、李念祖律師
印刷	勁達印刷有限公司
初版一刷	2022 年 9 月 16 日
定價	380 元

本作品中文繁體版通過成都天鳶文化傳播有限公司代理，經中國水利水電出版社有限公司授予時報文化出版企業股份有限公司獨家發行，非經書面同意，不得以任何形式，任意重製轉載。

時報文化出版公司成立於一九七五年，並於一九九九年股票上櫃公開發行，於二〇〇八年脫離中時集團非屬旺中，以「尊重智慧與創意的文化事業」為信念。

你要元氣滿滿，也要人間清醒：擁有少女感，修成
女王心 / 蓁依著 . -- 初版 . -- 臺北市：時報文化出
版企業股份有限公司, 2022.09
面；　公分 -- (人生顧問；457)

ISBN 978-626-335-731-0（平裝）

1.CST: 女性心理學 2.CST: 自我實現

173.31　　　　　　　　　　　　　111011216

ISBN978-626-335-731-0
Printed in Taiwan